走近中国经济

经贸汉语案例阅读

Know more about
Chinese Economy

Case Study in
BUSINESS CHINESE READING

杨一飞 李文韬 杨英颖 编著

上海大学出版社

图书在版编目(CIP)数据

走近中国经济：经贸汉语案例阅读/杨一飞,李文韬,杨英颖编著. —上海：上海大学出版社,2019.11
 ISBN 978 − 7 − 5671 − 3752 − 3

Ⅰ. ①走… Ⅱ. ①杨… ②李… ③杨… Ⅲ. ①经济—汉语—对外汉语教学—教材 Ⅳ. ①H195.4

中国版本图书馆 CIP 数据核字(2019)第 259093 号

责任编辑　陈　强
助理编辑　夏　安
封面设计　缪炎栩
技术编辑　金　鑫　钱宇坤

走近中国经济：经贸汉语案例阅读

杨一飞　李文韬　杨英颖　编著
上海大学出版社出版发行
(上海市上大路 99 号　邮政编码 200444)
(http://www.shupress.cn　发行热线 021 − 66135112)
出版人　戴骏豪

*

南京展望文化发展有限公司排版
江苏句容市排印厂印刷　各地新华书店经销
开本 890mm×1240mm　1/32　印张 5　字数 120 千
2019 年 11 月第 1 版　2019 年 11 月第 1 次印刷
ISBN 978 − 7 − 5671 − 3752 − 3/H・378　定价　35.00 元

前　言

近年来,随着中国在世界经济全球化中的作用不断增强,汉语国际教育事业高速发展,经贸汉语的重要性也愈见凸显。对于世界各地的海外学习者,经贸汉语文章是读懂今日中国、了解中国发展的重要途径;对于身在职场的外籍职员,经贸汉语知识是他们融入中国市场的"立命之本";而对于在华高等院校的国际学生,经贸汉语技能更是日后职场应聘或发展个人事业的重要基础。培养既具有良好的汉语能力,又具备一定经贸专业素养的"语言＋专业"复合型人才,已成为汉语国际教育的一大目标。本书便是在这样的背景下进行编写的。

《走近中国经济:经贸汉语案例阅读》是以学习者为主体,以案例分析法为主线编写的经贸汉语阅读教材,适合汉语达到HSK4级以上水平的学习者使用。通过本书的学习,在语言方面,学习者能掌握600个左右的经贸专业词汇,对经贸汉语类文章的体例与结构有一定程度的了解,并养成关注、阅读、整理经贸类新闻与资料的习惯;在经贸知识方面,学习者可以具体了解一批中国著名企业,如阿里巴巴集团、百度集团、华为集团、海尔集团等的发展历程、经营策略及企业特色,建立起对中国经济发展、市场规律、贸易环境与商业文化的准确认识,并能用自己的语言顺畅、得体地进行表达。本书可用于高校课堂教学、短期集中培训或自学。

《走近中国经济：经贸汉语案例阅读》秉持"以中国市场的特点与规律为'纲'，以商业案例的分析与阅读为'本'"的原则，在编写上体现出三个特点：一是"语料新鲜"。20篇课文中，一半出自2018年的文本，另有8篇出自2017年，确保内容能反映中国经贸发展的最新动态，从而更能激发学生的学习兴趣。二是"语言真实"。课文语料全部由国内主流经贸类媒体的文章改写、压缩而成，其中既有来自传统纸媒，如中国联合商报、第一财经日报、大众日报的报道，也有来自网络媒体，如东方网、搜狐财经、新华网、中国经济网的材料。三是"词汇实用"。针对经贸汉语词汇的特殊性，本书在选择生词时，既考虑生活汉语的常用性，亦兼顾经贸汉语的专业性。课本中80%的生词与HSK5级、6级词汇及《经贸汉语本科教学词汇大纲》中的中级、高级词汇重合，所选词语典型、实用，并于各课中高频复现。此外，每课还设计了数量适当的练习，将主观题与客观题有机结合，从语言技能的检验、知识的巩固，到锻炼综合能力的成段表达与语篇训练，循序渐进地提高学习者的汉语能力。

本教材经上海大学国际教育学院经贸汉语阅读课试用，受到学生的广泛欢迎，学生普遍对教材内容和体系表现出了较高的兴趣。本教材的出版还得到了上海大学高水平大学示范课程建设项目的大力支持。由于水平所限，不妥之处在所难免，欢迎各位专家与读者批评指正。

目　录

使用说明	001
第一单元　足不出户的中国奇迹	001
第一讲　淘宝：只有想不到，没有买不到	003
第二讲　微信支付：让钱包消失	016
第二单元　创新在中国	029
第三讲　华为：专利王国进入"无人区"	031
第四讲　从"共享单车"开始的"共享经济"	044
第三单元　从"中国制造"到"中国智造"	057
第五讲　海尔：砸了冰箱走出去	059
第六讲　格力：走专业化发展道路	071
第四单元　红红火火的日常消费	085
第七讲　海底捞：顾客就是上帝	087

第八讲　新东方："中国合伙人"开办的最火学校　098

第五单元　新世纪的"一带一路"　111
第九讲　"一带一路"的前世今生　113
第十讲　奔跑在"一带一路"上的中欧班列　125

参考答案　137

主课文生词索引　141

副课文生词索引　147

使 用 说 明

本教材分五个单元,共十讲。建议使用一学期,每周 4 学时左右。

每课内容结构如下:

【热身】

由 3—4 个小问题引出课文话题,旨在调动学生对所学内容的兴趣,使学生快速进入学习状态。教师也能从热身问题的回答与讨论中了解学生对课文相关知识的熟悉与掌握程度,以便更好地调整授课安排。

【公司简介/背景简介】

短文部分:每篇 200—300 字,简要介绍公司的创立背景、发展历程、经营模式及取得的系列成就,或是相关政策、计划制订的时代背景、总体思路及实施效果、社会反响等内容。

生词部分:每篇 10—15 个,加注拼音、词性、英文释义与等级标识("5/6"指 HSK5 级/6 级词汇,"中/高"指《经贸汉语本科教学词汇大纲》中的中级/高级词汇,"专"指专有名词),列于课文右侧,方便学习者对照查看。部分段落后附注释,多为经贸领域专业术语或近年来出现的反映经济生活新现象、新规律的词语。

提问部分：每篇5—6题，用于检验学习者对课文的理解程度。

【主课文】

课文部分：每篇450—600字，涵盖互联网、电子支付、信息通讯、共享经济、工业制造、餐饮教育、公共交通等产业中领头企业的鲜活案例，全面深入地反映当代中国经济社会各个领域的基本情况。课文多由典型的经贸类新闻报道、评论文章、分析报告等改写而来，在语篇结构、段落组织及语言特征等方面都充分体现出经贸类文体的特点，注重语言技能与经贸知识、商业文化的有机结合。

生词部分：每篇15—25个，以下画线的方式在课文中标示出来（专有名词以下画虚线标示）。除拼音、词性、英文释义与等级标识以外，主课文生词表还附有典型实用、简明易懂的例句，旨在让学习者更为准确、高效地掌握生词的意思与用法。

判断/选择部分：每篇4—6题，用于检验学习者对课文的理解程度。

语言点部分：每篇2—3个，以阴影的形式在课文中标示出来，课文后辅以简单明了的语义、语用说明，并通过例句展示语言点的使用语境与目的，部分语言点还列出了常见搭配。每个语言点紧跟2句"练一练"，通过练习让学习者切实学会如何正确地运用相关句式进行有效交际。

【综合练习】

选词填空：10题，意在检验学习者对"公司简介/背景简介"与"主课文"中核心生词的掌握程度，帮助学习者在句子的语境中理解词义、巩固记忆。

句型练习：2—4题，选取能反映经贸汉语表达方式的实用句群,归纳其主干结构,让学习者体会其使用场景与交际功能,并尝试理解经贸语篇是如何连词成句、连句成段的。

成段表达:2—4题,立足课文内容,给出关键词汇,让学生用自己的话语总结、转述、复述各部分课文内容,回答相关问题。该练习给学习者提供了充足的表达输出空间,是对课文核心词汇及语言点的全面巩固与扩展运用,力求提高学习者运用所学新知识成段、系统地思考与表达的能力。

【副课文】

课文部分:每篇600—750字,内容多为主课文的延伸与扩展,包括主要竞争对手的案例介绍、相关行业概览与发展趋势、政策制订或计划实施后的最新进展等。相比主课文,副课文在长度与难度上均有所增加,文体风格也更加多样,适合作为补充教学材料或学有余力的学生使用。

生词部分:每篇12—25个,加注拼音、词性、英文释义与等级标识,列在课文右侧,方便学习者对照查看。

判断/选择部分:每篇4—6题,用于检验学习者对课文的理解程度。

谈一谈:一般为2—3题,旨在调动学习者学习的自主性与积极性,引导学习者充分思考、分析本课内容中的商业案例与经济现象,并用自己的语言表达出来。学习者需要自己查阅、补充相关资料,并与更多商业实例或自己国家的企业、政策进行横向对比,最终提出假设,提炼观点。这种练习能有效培养学习者快速阅读、筛选材料的能力,也能拓展知识面,提高其宏观思考、逻辑论证、总结概括等综合能力。部分习题涉及面广,可以小组的形式共同完成。

书末附有部分练习答案与主、副课文生词索引。

第一单元
足不出户的中国奇迹

第一讲　淘宝：只有想不到， 没有买不到

🌸 热身　Warm-up

1. 你知道"足不出户"的意思吗？你能"足不出户"在家里待多久？
2. 你会网购吗？你更喜欢网购还是去实体店（shítǐdiàn，physical store）购物？
3. 你最常用的购物网站是哪一家？为什么？
4. 你是淘宝会员吗？如果是，请谈谈你在淘宝的购物感受。

🌸 公司简介　Company Profile

淘宝网由阿里巴巴专集团①在2003年5月创立②，是中国最受欢迎的网购零售③平台。

截至④2018年底，淘宝网拥有⑤6亿注册⑥会员，日活跃⑦用

专 阿里巴巴 ālǐbābā：Alibaba, name of China's leading E-commerce company.
① 集团 (6)(名) jítuán：group company
② 创立 (6)(动) chuànglì：to found; set up; establish
③ 零售 (中)(动) língshòu：retail
④ 截至 (6)(介) jiézhì：by (a specified time); up to
⑤ 拥有 (6)(动) yōngyǒu：to process; to

户近2亿,在线商品数量达到10亿件。在 C2C(Customer to Customer)市场,淘宝网占据⑧95.1%的市场份额⑨,网站创造的直接就业⑩机会达467.7万个。

今天的淘宝网早已成为中国最大的综合⑪卖场。消费者⑫既可以在私人商店享受"淘宝"的乐趣,也可以在"正品保障⑬"的"天猫商城专"放心选购,还可以参加"聚划算专"的团购⑭,以实惠⑮的价格买到理想的商品。淘宝网真正做到了"只有想不到,没有买不到"。

own
⑥ 注册 (5)(动) zhùcè：register
⑦ 活跃 (5)(形) huóyuè：active
⑧ 占据 (6)(动) zhànjù：occupy; take up
⑨ 市场份额 (中)(名) shìchǎng fèn'é：market share
⑩ 就业 (6)(动) jiùyè：get a job; obtain occupation
⑪ 综合 (5)(形) zōnghé：comprehensive; integrated
⑫ 消费者 (5)(名) xiāofèizhě：consumers
⑬ 保障 (6)(动) bǎozhàng：guarantee; ensure
专 天猫商城 tiānmāoshāngchéng：Tmall, a B2C(Business to Customer) platform of Taobao
专 聚划算 jùhuásuàn：a group purchase platform of Taobao
⑭ 团购 (名) tuángòu：group purchase
⑮ 实惠 (6)(形) shíhuì：economical; affordable

回答问题　Answer the following questions：

1. 淘宝网和阿里巴巴集团是什么关系？每天有多少人在淘宝网上购物？
2. 淘宝网除了是一个购物平台以外,还对社会有什么贡献(gòngxiàn, contribution)？
3. 这段文章介绍了几种在淘宝网购物的方式？它们之间有什么不同？请你用自己的话说一说。
4. 在私人商店享受"淘宝"的乐趣,这里的"淘宝"是什么意思？
5. 为什么说淘宝网做到了"只有想不到,没有买不到"？

主课文 Main Text

一次又一次创造的数字奇迹

11月11日原本是中国的"光棍儿节",可自从2009年起,这一天却变成了全民的购物狂欢节。2018年的"双十一",仅用了2分05秒,淘宝交易额便突破了100亿元。最终当天的销售额达到了2 135亿人民币,比前一年多

了453亿,再次刷新销售的新纪录。这一天,全球消费者全天支付总笔数达到14.81亿,相当于每个中国人都完成了至少一笔交易的支付。

值得注意的是,在所有交易中,移动成交占到了90%,交易覆盖全球225个国家和地区。阿里巴巴集团CEO张勇表示,2018年双十一的成功,要感谢海内海外商业力量的共同努力,交易中的40%是来自全球品牌的贡献。在"天猫"双十一的14万个品牌中,海外品牌就有6万个,从欧洲的奢侈品到澳洲的奶粉、泰国的大米、韩国的护肤品,应有尽有。"全球化"让今天的中国消费者不出国门,通过互联网就能享受到全世界最好的产品和最棒的服务。

2018年双十一的另一个亮点是"智慧物流"。根据以前的经

验,由于发货、送货量的突然增加,双十一之后的"快"递常常会变成"慢"递,甚至还出现过12月才收到货品的现象。为了解决这一难题,各家快递公司积极采用新技术,升级设备,再加上高铁快递的帮助,物流速度有了明

显的提升。狂欢节刚刚开始12分钟,上海嘉定区的客户便收到了从家附近的仓库发来的包裹,成为全网送达"第一单"。

(资料来源:《2018"双十一"再次刷新纪录》,东方网2018—11—12;百度百科"2018双十一购物狂欢节",有删改)

生词 New Words

序号	生词	拼音	词性	英语释义	例句
1.	奇迹	qíjì	名5	miracle	一年就通过HSK6级?这真是一个奇迹。
2.	光棍儿	guānggùnr	名	unmarried man; bachelor	他已经五十岁了,还在打光棍儿。
3.	狂欢节	kuánghuānjié	名	carnival	巴西的狂欢节非常有名。
4.	交易额	jiāoyì'é	名6	turnover; trading volume	这家店今天的交易额达到了2万美元。
5.	突破	tūpò	动6	overfulfil (a quota)	今年9月,我们学校的国际本科生数量突破了5 000人。
6.	销售额	xiāoshòu'é	名5	sales volume	春节期间,我们店的销售额是平时的2倍。
7.	刷新	shuāxīn	动中	break (a record)	他游得很快,刷新了奥运会(àoyùnhuì, Olympic)纪录。
8.	纪录	jìlù	名5	record	新的世界纪录是9分03秒。
9.	覆盖	fùgài	动6	cover (certain area)	4G网络信号已经覆盖了中心城区。
10.	贡献	gòngxiàn	名5,动	contribute; dedicate; contribution	新的发明对人类社会作出了很大的贡献。
11.	奢侈品	shēchǐpǐn	名5	luxury goods	很多人愿意花几个月的工资购买奢侈品。

续表

序号	生词	拼音	词性	英语释义	例句
12.	护肤品	hùfūpǐn	名	skin care products	你最近用了什么护肤品？皮肤那么好！
13.	应有尽有	yīngyǒujìnyǒu		have everything that one expects to find; have all that is necessary	超市里水果、蔬菜、海鲜、肉类，应有尽有。
14.	全球化	quánqiúhuà	名中	globalization	21世纪是经济全球化的时代。
15.	互联网	hùliánwǎng	名初	internet	互联网让人们之间的交流变得更快速、更方便。
16.	智慧	zhìhuì	名5	wisdom; intelligence	孔子（kǒngzǐ, Confucius）是有大智慧的人。
17.	物流	wùliú	名高	logistics	快递是物流行业的重要组成部分。
18.	升级	shēngjí	动初	upgrade	苹果手机最近升级了新系统。
19.	设备	shèbèi	名5	equipment; device; facility	那家健身房的设备很不错。
20.	高铁	gāotiě	名	high-speed train; bullet train	高铁就是高速铁路，高铁火车的速度在每小时200公里以上。
21.	仓库	cāngkù	名6	storehouse; warehouse	这些东西现在不用，放在仓库里吧。
22.	包裹	bāoguǒ	名5	parcel; postal packet	我昨天寄出的包裹，你收到了吗？

专有名词　Proper Nouns

张勇	Zhāng Yǒng	name of a person
嘉定区	jiādìng qū	a district in Shanghai

判断对错 True or False

1. 单身的人"双十一"在淘宝购物,可以得到特别的优惠。( )
2. 2018年淘宝网三分钟的交易额就超过了前一年全天的。( )
3. 11月11日,每个中国人都真的在淘宝网上付钱买东西了。( )
4. 大部分人"双十一"是通过手机购物的。( )
5. "双十一"的产品中有一部分是来自国外的品牌。( )
6. 2018年"双十一"快递的速度比较令人满意。( )
7. 设备升级以后,消费者12分钟就可以收到包裹。( )

语言点 Language Points

1. 原本……,(现在)……

原文:11月11日原本是中国的"光棍节",可自从2009年起,这一天却变成了全民的购物狂欢节。

说明:以前……,(现在)……

例句:

肯德基原本是100%的西式快餐,进入中国以后,增加了豆浆、油条、粥、饭等中式产品。

我们原本打算周末去爬山,可惜下大雨,现在只能待在家里休息。

练一练:

这家工厂原本只生产食品,＿＿＿＿＿＿＿＿＿＿＿＿＿＿＿＿＿＿＿＿＿＿。

我们原本计划_____,现在时间不够,只能不去了。

2. 仅……,便……

原文:2018 年的"双十一",仅用了 2 分 05 秒,淘宝交易额便突破了 100 亿元。

说明:只(很短的时间,很小的数字),就(达成了较大的目标/取得了较好的结果)

例句:
他很聪明,仅花了一天时间,就完成了别人三天才做完的工作。
高铁升级以后,仅用 4 个半小时,便能从上海到达北京。

练一练:
小王仅_____,便跑完了马拉松(mǎlāsōng, marathon)。
妈妈仅花了 10 块钱,_____
_____。

3. 相当于

原文:这一天,全球消费者全天支付总笔数达到 14.81 亿,相当于每个中国人都完成了至少一笔交易的支付。

说明:跟……差不多

例句:
100 块买了三件衣服,相当于每件 30 块。
每天学习汉语三个小时,相当于一周有一天的时间都在学习汉语。

练一练:
去年中国人在"吃"上花了 3.7 万亿元,相当于_____

_____。

上海有 2 400 多万人口,相当于_____

_____。

综合练习 Comprehensive Exercises

一、选词填空 Fill in the blanks with the most proper words.

> 零售　就业　保障　实惠　亮点
> 刷新　覆盖　贡献　智慧　物流

1. _____率持续降低,越来越多的大学生担心自己毕业以后找不到工作。
2. 在刚刚结束的比赛中,我国选手成功地_____了亚洲纪录。
3. 大雪厚厚地_____着大地。
4. 这种鞋的_____价为每双158元。
5. 对于_____行业来说,公共交通的发展水平十分重要。
6. 采用机器人代替真人服务,是此次展会的一大_____。
7. 晚上8点以后面包店打折,这时的价格最_____了。
8. 她不但长得漂亮,而且头脑好,有_____。
9. 购买保险,就是给自己买一份_____。
10. 科学家为人类的发展做出了很大的_____。

二、句型练习 Follow the given sentence pattern and complete the sentences.

1. 淘宝网<u>由</u>阿里巴巴集团<u>在</u>2003年5月<u>创立</u>,是中国最受欢迎的网购零售平台。

苹果公司由_____在_____创立,是_____
_____。

2. 截至2018年底,淘宝网拥有6亿注册会员,占据95.1%的市场份额。

截至_____,苹果公司拥有_____,占据_____的市场份额。

3. 消费者既可以在私人商店享受"淘宝"的乐趣,也可以在"正品保障"的"天猫商城"放心选购,还可以参加"聚划算"的团购,以实惠的价格买到理想的商品。

在宜家家居(yíjiājū,IKEA),消费者既可以_____
_____,也可以_____
_____,还可以_____。

4. 在"天猫"双十一的14万个品牌中,海外品牌就有6万个,从欧洲的时尚奢侈品到澳洲的奶粉、泰国的大米、韩国的护肤品,应有尽有。

小王新买了一台冰箱,里面放满了吃的东西,从_____
_____到_____,应有尽有。

5. 为了解决这一难题,各家快递公司积极采用新技术,升级设备,再加上高铁快递的帮助,物流速度有了明显的提升。

为了吸引更多消费者,这家公司积极提高产品质量,_____
_____,再加上_____,今年的销售额有了明显的增加。

三、成段表达　Communicate in short paragraphs using the given words.

1. 请用自己的话简单介绍一下淘宝网。(创立、平台、拥有、份额)
2. 在淘宝网提供的几种不同购物方式中,你觉得哪种最好?为

什么？(私人店铺、商城、团购)

3. 2018年的双十一，淘宝网的销售情况怎么样？你了解最新"双十一"的销售情况吗？请你给大家介绍一下。(突破，刷新……的纪录)

4. 什么是"智慧物流"？根据课文，"智慧物流"的好处有哪些？(升级，提升，送达)

副课文 Supplementary Reading

未来：京东专和淘宝谁会赢？

有数据①显示，2017年全国网上零售额约为7.18万亿，占全国社会消费品零售总额的19.6%。16—35岁用户为网络购物主力军，占比高达85.5%。手机APP方面，使用人数最多的是淘宝，占53.3%；其次是京东，占20.6%。

京东1998年6月在北京成立，2004年正式进入电子商务②领域③，经过十余年的发展，"京东商城"已成长为中国最大的自营④式电商企业，也成为"淘宝天猫"的最大竞争对手。

京东的运营⑤模式⑥与淘宝完全不同。淘宝就像是开了一个大市场，欢迎各路商家。由于货品种类最齐全，所以非常容易地吸引了大批消费者，但淘宝自己并不入场经营，它只

专 京东 jīngdōng：JD.com, an online shopping website
① 数据(5)(名) shùjù：data

② 电子商务(名) diànzǐshāngwù：e-commerce
③ 领域(5)(名) lǐngyù：domain, field
④ 自营(高)(动) zìyíng：self-support
⑤ 运营(中)(动) yùnyíng：operate, run business
⑥ 模式(6)(名) móshì：pattern, mode

是市场的管理者,收点儿"摊位⑦费"就好了。也正是这个原因,消费者对淘宝的忠诚度⑧不高,一旦⑨某一天,别的平台服务更好、东西更便宜,他们一定会马上转变方向。

　　京东是一个大型零售商,它和商家谈判⑩,选择好的商品作为"自营"产品。京东不仅有自己的货物,还有自己的仓库、自己的物流。这样,京东就可以控制从下单到送达之间的全过程,为客户提供更好的购物体验。2017年的"双十一",京东销售额超过1271亿元,这个数字虽然不如淘宝,但京东却在物流效率⑪上遥遥领先⑫。85%的"双十一"订单当天就从仓库发货,送往消费者手中。平时,京东也保证自营产品上午11点以前下单,当天送达。当然,它的缺点也是很明显的。跟淘宝相比,京东的货物实在太少,有些品类下只有几样货品,选择的空间很小。对于这一点,京东倒是很有信心,它们相信,随着仓库越来越大、合作的商家越来越多,商品种类也一定会增加。

　　在你看来,未来的电商市场,淘宝、京东,谁会赢?

(资料来源:《未来,淘宝和京东谁会赢》,搜狐科技 2018—03—10,有删改)

⑦ 摊位(6)(名) tānwèi: street vendors
⑧ 忠诚度(6)(名) zhōngchéngdù: loyalty
⑨ 一旦(5)(连) yídàn: once, in case
⑩ 谈判(5)(动) tánpàn: negotiate
⑪ 效率(5)(名) xiàolǜ: efficiency
⑫ 遥遥领先(高) yáoyáolǐngxiān: be far ahead

一、选择　Choose the correct answers

1. 第一段里的"主力军",最可能是什么意思？　（　　）
   A. 主要的军队　　　　　B. 力气最大的人
   C. 主要人群　　　　　　D. 以军人为主

2. 第一段里的"其次",最可能是什么意思？　（　　）
   A. 其实　　B. 第二　　C. 最后　　D. 其他

3. 下面关于"京东"的说法,哪一项不正确？　（　　）
   A. 京东是中国最大的电商平台。
   B. 早上10点在京东买的东西,当天就可以收到。
   C. 京东送货一般比淘宝快。
   D. 顾客在京东上能选择的货物比淘宝少得多。

4. 在运营模式上,京东与淘宝最大的不同是什么？　（　　）
   A. 淘宝对商家管理得更好。
   B. 淘宝不用和商家谈判。
   C. 京东的模式是选择好的产品自己经营,淘宝却没有自己的产品。
   D. 淘宝能控制从顾客下单到送达的全过程。

5. 根据课文,与淘宝相比,京东最大的优势是什么？　（　　）
   A. 与更多的商家合作
   B. 东西更便宜
   C. 仓库更大
   D. 对购物过程的管控更好

二、谈一谈　Discussion

1. 看完课文的介绍,再结合你自己的购物体验,你觉得在未来,京东和淘宝谁会赢？为什么？

2. 除了淘宝、京东以外,中国还有很多其他的线上购物网站,如苏宁易购（sūníngyìgòu，www.suning.com）、唯品会（wéipǐnhuì，www.vip.com）、当当（www.dangdang.com）等，请你自己寻找阅读材料，了解一下这些网站的创立、发展过程，并在经营模式、网站特点、购物体验等方面对它们进行比较。

3. 请你了解一下亚马逊（yàmǎxùn，Amazon）、易趣（yìqù，Ebay）等国际知名购物网站在中国的发展：它们是什么时候进入中国的？它们在中国的运营模式与在其他国家一样吗？它们的销售业绩好不好？什么样的中国消费者更喜欢在这些网站购物？

第二讲　微信支付：让钱包消失

热身　Warm-up

1. 在中国买东西的时候,你一般怎么付钱？现金、刷卡、还是手机支付？
2. 用手机付钱,你更喜欢用支付宝还是微信？为什么？
3. 除了聊天与支付,你还经常使用微信的哪些功能？

公司简介　Company Profile

微信是腾讯⁺公司于2011年1月推出的一个免费应用程序①,主要提供即时通信②服务。微信支持用户之间快速发送免费文字、语音短信、图片和视频③等。截至2016年第二季度④,微信已经覆盖中国94%以上的智能手机⑤。2018年2月,微信全球范围内月活跃用户首次突破10亿。

专．腾讯 téngxùn：Tencent group, an internet-based technology and cultural enterprise.
① 应用程序⁽名⁾ yìngyòngchéngxù：APP, application program
② 即时通信⁽名⁾ jíshítōngxìn：IM, Instant Messaging
③ 视频⁽名⁾ shìpín：video
④ 季度⁽⁶⁾⁽名⁾ jìdù：quarter (of a year)
⑤ 智能手机⁽名⁾ zhìnéng shǒujī：smart phone

2013年8月,"微信支付"正式上线,用户可以通过扫描⁶二维码⁷,快速地完成支付。目前,微信支付可以用于"滴滴打车专"、"12306专铁路服务中心"、"麦当劳专"、"星巴克专"等多个场景⁸,并已登陆⁹日本、韩国、美国等近40个国家。2016年8月8日,"微信支付"发起⁰首个"无现金日",倡导¹¹高效、低碳¹²、智慧的生活方式。

⑥ 扫描⁽中⁾⁽动⁾ sǎomiáo: scan
⑦ 二维码⁽名⁾ èrwéimǎ: QR code
专 滴滴打车 dīdīdǎchē: DiDi app, China's leading mobile transportation platform.
专 12306: official APP of China Railway
专 麦当劳 màidāngláo: Mcdonald's, American fast-food chain.
专 星巴克 xīngbākè: Starbucks, an American coffee company and coffeehouse chain.
⑧ 场景⁽中⁾⁽名⁾ chǎngjǐng: scene
⑨ 登陆⁽6⁾⁽动⁾ dēnglù: land, landing
⑩ 发起⁽中⁾⁽动⁾ fāqǐ: launch, initiate
⑪ 倡导⁽6⁾⁽动⁾ chàngdǎo: advocate; propose
⑫ 低碳⁽名⁾ dītàn: LC, low carbon

回答问题 Answer the following questions:

1. 用自己的话说一说,微信是一个怎样的应用程序?
2. 在中国,使用微信的人多吗?
3. 生活中,哪些时候可以方便地使用"微信支付"?
4. 现在有多少国家可以使用"微信支付"?
5. 什么是"无现金日"?根据课文,"无现金支付"有什么好处?

主课文 Main Text

支付宝 vs 微信支付

说到"无现金支付",很多人第一个想到的还是"支付宝"。2003年,"支付宝"出生,比"微信支付"早了整整十年。2013年底,支付宝手机用户数便已超过了10亿,是全球最大的移动支付公

司。面对这样一个强大的对手,微信支付在最初的那段时间里,日子并不好过,但凭着出色的营销策略,微信支付一步步转变了局面。

2014年春节,微信推出了"电子红包"功能,那年从除夕到初八,微信"抢红包"深受广大百姓的欢迎。超过800万用户参与活动,超过4 000万个红包被领取,大量用户在微信上绑定银行卡。

自此,"微信支付"与"支付宝"的竞争进入了白热化。两家的基本业务并无太大差别,但侧重的领域各有不同。数据显示,目前在交易金额上,支付宝还是遥遥领先,而在小额支付的场景里,微信完成的交易笔数却几乎是支付宝的三倍。这是因为微信是中国占有垄断地位的社交软件,如果我们在和人聊天的同时就可以完成支付,又何必去打开另外的应用程序呢?

但在大额支付的场景,支付宝就更专业了。它有余额宝等理财产品,人们习惯了把较大的金额放在支付宝里让钱"生"钱,也更加相信淘宝的安全保障系统。和支付宝相比,现在的微信更像是人们的"买菜零钱包",但是未来随着微信平台的综合功能越来越强大,它和支付宝谁能抢到更多的客户,还是一个未知数。

(资料来源:《支付宝微信烧钱大战从未停歇,你愿意使用支付宝还是微信支付呢?》,搜狐财经 2018—06—25,有删改)

生词 New Words

序号	生词	拼音	词性	英语释义	例句
1.	移动支付	yídòng zhīfù	名	mobile payment	在今天的中国,到处都可以使用移动支付。

续 表

序号	生词	拼音	词性	英语释义	例句
2.	凭	píng	介[5]	through; by	他凭着爸爸的关系进了那家公司。
3.	营销	yíngxiāo	动[高]	marketing	这次的营销计划很成功,吸引了不少新客人。
4.	策略	cèlüè	名[6]	strategy	要让消费者购买产品,营销策略非常重要。
5.	局面	júmiàn	名[6]	situation	如果我们合作,结果很可能是一个双赢的局面。
6.	除夕	chúxī	名[4]	New Year's Eve	除夕是春节前一天的晚上,家家户户都吃团圆饭。
7.	抢	qiǎng	动[5]	snatch; vie for; scramble for	学生们抢着回答老师的问题。
8.	参与	cānyù	动[5]	participate in	比赛重在参与,而不是结果。
9.	领取	lǐngqǔ	动[中]	go and get	付过钱的同学,请来老师这里领取门票。
10.	绑定	bǎngdìng	动	binding	想要在网上支付,你得先绑定一张银行卡。
11.	白热化	báirèhuà	名	be white-hot	越来越多的公司开始生产自己品牌的手机,手机市场的竞争进入了白热化。
12.	侧重	cèzhòng	动[高]	lay particular emphasis on	那所学校的中文课侧重阅读和写作。
13.	领域	lǐngyù	名[5]	field; domain	我已经在教育领域工作了30年。
14.	数据	shùjù	名[5]	data	越来越多的人开始进行大数据研究。
15.	显示	xiǎnshì	动[5]	show; display; demonstrate	数据显示,这个夏天是近十年中最热的。
16.	遥遥领先	yáoyáolǐngxiān		be far ahead	她的成绩遥遥领先于其他同学。

续 表

序号	生词	拼音	词性	英语释义	例句
17.	垄断	lǒngduàn	动6	monopolize	以前只有少数几家公司能生产这种产品,现在,这种垄断局面马上就会结束。
18.	社交软件	shèjiāo ruǎnjiàn	名	social networking software	微信是最多中国人使用的社交软件。
19.	理财	lǐcái	动中	money management, financing	开始工作赚钱以后,要学习怎么理财,这样才能让钱"生"钱。

专有名词　Proper Nouns

支付宝	zhīfùbǎo	alipay, a third-party mobile and online payment platform
余额宝	yú'ébǎo	Yu'Ebao, China's first ever Internet fund specially designed for alipay.

判断对错　True or False

1. 虽然支付宝比微信支付出现得早,但是微信支付一开始的表现就很好。　　　　　　　　　　　　　　　（　　）
2. 抢红包帮助微信支付吸引了大量客户。　　　　（　　）
3. 因为侧重的领域不同,现在的微信支付和支付宝没什么竞争。　　　　　　　　　　　　　　　　　　（　　）
4. 从交易的数据来看,实际上使用微信支付的次数更多。（　　）
5. 如果想要更好地管理财富,你应该选择支付宝。（　　）
6. 作者相信,未来随着微信的功能越来越多,使用微信支付的客户数量会超过支付宝。　　　　　　　　　（　　）

语言点　Language Points

1. 何必……呢？

原文：如果我们在和人聊天的同时就可以完成支付，又何必去打开另外的应用程序呢？

说明：没有必要，不用做某事

例句：

那个地方不太远，走路就可以到，何必打车呢？

如果机器可以完成这项工作，又何必请人来做呢？

练一练：

用手机就可以方便地付钱，又何必_____呢？

这个任务很简单，_____，何必麻烦老师呢？

2. 随着……，……

原文：未来随着微信平台的综合功能越来越强大，它和支付宝谁能抢到更多的客户，还是一个未知数。

说明：跟着前句的变化，后句的情况也有所改变。

例句：

随着政策的开放，越来越多的外国公司选择来中国投资。

随着天气变冷，人们纷纷穿起了厚衣服。

练一练：

随着智能手机的普及（pǔjí，popularize，getting popular），_____。

随着_____，学习汉语和中国文化的留学生大量增加。

综合练习 Comprehensive Exercises

一、选词填空 Fill in the blanks with the most proper words.

> 倡导　侧重　垄断　凭着　领域
> 视频　季度　绑定　场景　二维码

1. 毕业后我想当画家,我对艺术_____的工作很感兴趣。
2. 您好,能教我一下怎么在网上_____信用卡吗?
3. 政府_____保护环境,希望大家多坐公共交通出行。
4. 听说课当然_____练习听力和口语,而阅读课就会看比较多的文章。
5. 现在买东西太方便了,只要扫描一下_____,就可以付钱。
6. 虽然没做什么广告营销,但_____出色的质量,那个公司的产品最终得到了消费者的认可。
7. 那部电影里离别的_____让人感动。
8. 一年里我最喜欢第三_____,因为有两个月在放暑假。
9. 在一个行业里,如果只有一家或极少数的公司提供产品或服务,就形成了_____。
10. 用手机可以很方便地拍摄和观看_____。

二、句型练习 Follow the given sentence pattern and complete the sentences.

1. <u>微信是腾讯公司于2011年1月推出的一个免费应用程序</u>,<u>主要提供即时通信服务</u>。

   QQ是_____公司于_____(时间)推出的一个_____程序,主要提供_____服务。

2. 说到"无现金支付",很多人第一个想到的还是"支付宝"。
   说到_____,很多人第一个想到的还是_____
   _____。

3. 数据显示,目前在交易金额上,支付宝还是遥遥领先;而在小额支付的场景里,微信完成的交易笔数却几乎是支付宝的三倍。
   数据显示,目前在产品质量的满意度上,天猫商城还是遥遥领先;而在_____,私人店铺却_____。

4. 未来微信和支付宝谁能抢到更多的客户,还是一个未知数。
   未来中国和美国_____,还是一个未知数。

三、成段表达 Communicate in short paragraphs using the given words.

1. 在无现金支付领域,微信是如何发展起来的?(凭着、策略、抢、领取)

2. 人们在什么情况下会选择使用微信支付,为什么?(场景、垄断、社交)

3. 人们在什么情况下会选择使用支付宝,为什么?(理财、保障、遥遥领先)

4. 对于支付宝与微信支付的竞争,你怎么看?(白热化、侧重、未知数)

副课文 Supplementary Reading

二选一:沃尔玛ᵗ停用支付宝

2018年3月起,沃尔玛华西区ᵗ门店接连禁止①使用支付宝,引发②大家热议,被看作2018年腾讯和阿里巴巴在新零

专.沃尔玛 wò'ěrmǎ: Walmart, an American multinational retail corporation
专.华西区 huáxīqū: the west area in China.
① 禁止⁽⁴⁾⁽动⁾ jìnzhǐ: forbid; prohibit;

售领域战事的升级。此外,腾讯、沃尔玛均为京东的重要股东③,京东商城完全关闭了支付宝的付款渠道④。

同一时间,微信支付也面临⑤"封杀"。阿里巴巴集团的"盒马鲜生专",从上线至今从未开通微信支付的渠道。在餐饮行业,支付宝早年通过"零手续⑥费"等优惠⑦条件与肯德基专、85度C专等多家商户签订⑧协议⑨,在最开始的一两年,只采用支付宝收款。

支付宝是中国线上支付的"鼻祖⑩",在很长一段时间里占据了线上支付的垄断地位。但微信支付的迅速发展,给支付宝带来了巨大的挑战。根据第三方数据,2017年第三季度,在移动支付市场,支付宝的份额为53.73%;微信支付的份额为39.35%,追赶的势头⑪十分明显。

沃尔玛拒绝支付宝的背后,不只是"买单用支付宝还是微信"这么简单,更是互联网巨头在数据资源⑫领域的战争。用

ban
② 引发(高)(动) yǐnfā:initiate;trigger
③ 股东(6)(名) gǔdōng:shareholder;stockholder
④ 渠道(6)(名) qúdào:channel
⑤ 面临(5)(动) miànlín:be faced with;be confronted with
专.盒马鲜生 hémǎxiānshēng:a food-selling new retail section backed by Alibaba.
⑥ 手续(5)(名) shǒuxù:procedures;formalities
⑦ 优惠(5)(形) yōuhuì:preferential;favorable
专.肯德基 kěndéjī:KFC, an American fast food restaurant.
专.85度(dù)C:85°C Bakery Cafe
⑧ 签订(6)(动) qiāndìng:sign (contract)
⑨ 协议(6)(名) xiéyì:agreement

⑩ 鼻祖(名) bízǔ:founder;originator

⑪ 势头(高)(名) shìtóu:momentum;tendency

⑫ 资源(5)(名) zīyuán:resource

户对支付宝或微信的"二选一",决定了数据最终属于阿里还是腾讯,这对于两家公司之后的用户画像、大数据分析及定制化⑬消费都非常重要。

⑬ 定制化^{(高)(名)} dìngzhìhuà：customization

两家公司谁会取得这场战争的最终胜利,现在还是一个未知数。各家线下零售平台对此也持观望⑭态度。即使是拒绝了支付宝的沃尔玛,其总裁⑮董明伦^专在接受采访时仍表示"我们与中国互联网巨头的关系,目前很难知道未来会发生什么样的合作。但我相信,我们的合作关系会是多元的。就好像在美国,沃尔玛会和谷歌^专公司进行在语音服务方面的合作,也会和IBM在其他方面进行合作。"据了解,目前除了华西区,其他地区的沃尔玛仍支持支付宝付款。

⑭ 观望^{(中)(动)} guānwàng：wait and see
⑮ 总裁^{(5)(名)} zǒngcái：president of company
专 董明伦 Dǒng Mínglún：Doug McMillon, president of Walmart.

专 谷歌 gǔgē：Google, an American multinational technology company.

(资料来源:《沃尔玛部分门店暂停使用支付宝》,澎湃新闻 2018—03—26,有删改)

一、选择　Choose the correct answers

1. 根据课文,下面哪一项正确?　　　　　　　　　　(　　)

   A. 中国的沃尔玛全部禁止使用支付宝。

   B. 沃尔玛、腾讯等与京东有关的其他公司开始禁止使用支

025

付宝。

C. 肯德基到现在还是只能用支付宝付款。

D. "盒马鲜生"以前可以用微信支付,现在不行了。

2. 第二段里的"封杀",最可能是什么意思? （   ）

   A. 封闭   B. 杀死   C. 禁止   D. 支持

3. 下面关于"支付宝"的说法,哪一项不正确? （   ）

   A. 支付宝是中国最早的线上支付程序。

   B. 目前,支付宝的市场份额仍比微信支付大。

   C. 支付宝曾经禁止过一些公司使用其他线上支付方式。

   D. 支付宝现在仍然垄断着线上支付市场。

4. 根据课文,为什么支付宝和微信要让合作的公司作出"二选一"的选择? （   ）

   A. 为了让顾客多买单,让自己多赚钱

   B. 为了获得更多的数据资源,为以后的发展作准备

   C. 为了跟更多的线下零售平台合作

   D. 为了变得更有名

5. 第四段里的"用户画像",最接近下面哪一项的意思? （   ）

   A. 为客户画肖像   B. 把客户画得很像

   C. 免费教客户画像   D. 了解客户的消费特点

6. 最后一段中,沃尔玛总裁董明伦接受采访时说的话是什么意思? （   ）

   A. 我们不跟支付宝合作,也不跟微信支付合作。

   B. 我们可能在语音服务方面跟支付宝合作,在其他方面跟微信支付合作。

   C. 我们可能既跟支付宝合作,又跟微信支付合作。

   D. 我们要观望一下其他线下零售平台的态度。

二、谈一谈 Discussion

1. 作为一名消费者,你对"二选一"的策略怎么看?是可以理解、无所谓(wúsuǒwèi,doesn't matter)还是非常厌恶(yànwù,dislike)?在你看来,大公司让消费者作出"二选一"的选择,会不会反而令客户越走越远?
2. 结合你自己的支付体验,谈一谈在未来,微信支付和支付宝谁会赢?为什么?
3. 你听说过贝宝(bèibǎo,Paypal)这一国际通行的线上支付平台吗?请你自己寻找阅读材料,了解它的创立、发展历程、平台功能与经营策略。它有没有进入中国?在中国发展得怎么样?并将它与支付宝、微信支付进行比较。

第二单元 创新在中国

第三讲　华为：专利王国进入"无人区"

🌸 热身　Warm-up

1. 你知道什么是专利吗？你了解你们国家的企业在专利注册与申请方面的情况吗？
2. 你能说出哪些中国制造的手机品牌？
3. 你用过中国品牌的手机吗？使用感觉如何？
4. 很多人说，"中国制造"正变得越来越"创新"，你同意吗？

🌸 公司简介　Company Profile

华为是一家生产销售通信设备①的民营②通信科技公司，总部位于中国深圳专市。华为是全球领先的信息与通信技术解决方案③供应商④，致力于⑤构建⑥未来信息社会、构建更美好的全联接智慧世界。目前，华

① 通信设备 (名) tōngxìn shèbèi：communication equipment；communication facilities
② 民营 (形) mínyíng：privately operated
专 深圳 shēnzhèn：a city located in the south of China.
③ 方案 (5)(名) fāng'àn：scheme；plan；project
④ 供应商 (中)(名) gōngyìngshāng：supplier

为约有18万名员工,业务应用于全球170多个国家和地区,服务全世界三分之一以上的人口。

  2018年年报显示,华为业绩⑦稳步⑧增长,实现全球销售收入7 212亿元人民币,同比⑨增长19.5%。2018年华为投入⑩研发费用达1 015亿元人民币,同比增长13.1%,近十年投入研发费用超过4 000亿元。未来十年,华为还将以每年超过100亿元的数字继续加大在技术创新上的投入。

⑤ 致力于 (6)(动) zhìlìyú: devote oneself to
⑥ 构建 (高)(动) gòujiàn: to build; to construct
⑦ 业绩 (高)(名) yèjì: enterprise performance
⑧ 稳步 (中)(副) wěnbù: steadily; with steady steps
⑨ 同比 (高)(副) tóngbǐ: on year-on-year basis
⑩ 投入 (中)(动) tóurù: put into; to input; to invest

回答问题 Answer the following questions:

1. 用自己的话说一说,华为是一家怎样的公司。
2. 华为主要提供什么产品?华为公司的目标是什么?
3. 现在全世界使用华为公司业务的顾客多吗?
4. 华为公司2018年的销售情况好不好?
5. 根据课文,华为公司在哪一方面投入了很多费用?为什么在这个方面投入这么大?

主课文 Main Text

从"小帐篷"到"主展台"

  1987年,43岁的任正非与几个志同道合的中年人,以2万元人民币创立了华为公司。当时,谁都没想到,这家诞生在破旧厂房里的小公司,即将改写世界通信制造业的历史。

2016年在巴塞罗那举办的第十六届世界通信展上,最吸引眼球的无疑是华为公司6 000平方米的主展台,很多其他公司的展台只有一二百平方米。但谁能想到,13年前的2003年,当时展会主办方根本没听说过"华为"这家企业。那

时"中国制造"给人的印象是:低价、劣质、不可靠,再加上主会场的展位已满,华为的展台最终被安排在一个临时的帐篷里,面积只有二三十平方米。从"小帐篷"到"主展台",这巨大的变化到底是怎么发生的呢?

华为的发展以"创新"为核心。当大多数中国企业还在模仿海外产品时,华为就已经成为信息通信技术领域拥有最多专利的中国公司。2018年公司研发经费投入153亿美元,超过了苹果、微软等公司。目前,华为拥有8万多人的全球最大规模的研发团队,研发员工占员工总数的45%左右,每年销售额的10%、甚至20%投入研发。在2016年5月举办的全国科技创新大会上,华为总裁任正非表示:"华为正在本行业逐步进入无人区。"另外,华为坚持实施全球化经营的策略,在168个国家设立分公司或代表处。20多年来,华为不做金融、不做房地产,只走"通信"一条路,这种专注精神,也是华为获得成功的重要原因。

(资料来源:《华为,一个没有秘诀的奇迹》,搜狐网 2016—04—17;《攻入无人区的华为对手是谁? 任正非:自己》,第一财经日报 2016—07—26,有删改)

生词 New Words

序号	生词	拼音	词性	英语释义	例句
1.	帐篷	zhàngpeng	名6	tent	今天晚上我们要睡帐篷了。
2.	展台	zhǎntái	名中	exhibition stand	下周的展览会,我们公司在几号展台?
3.	志同道合	zhìtóngdàohé		cherish the same ideals and follow the same path	我们从小一起长大,爱好、兴趣、人生目标都很相近,是志同道合的好朋友。
4.	诞生	dànshēng	动6	be born, come into being	中华人民共和国诞生于1949年10月1日。
5.	即将	jíjiāng	副6	be about to	比赛即将开始,大家准备好了吗?
6.	无疑	wúyí	副中	undoubtedly; beyond doubt	结婚无疑是一件开心的事儿。
7.	主办方	zhǔbànfāng	名中	organizer, host	中国是2020年冬季奥运会的主办方。
8.	劣质	lièzhì	名高	of poor quality; inferior	你在哪儿买的这种劣质衣服?穿了一次就坏了。
9.	可靠	kěkào	形5	reliable; dependable	小王办事认真,大家都觉得他非常可靠。
10.	临时	línshí	形5	temporary	这家超市要找几名圣诞节期间上班的临时店员。
11.	核心	héxīn	名5	core; center	竞争的核心是产品质量。
12.	模仿	mófǎng	动5	imitate	小孩子会模仿大人的行为。
13.	专利	zhuānlì	名6	patent	我打算为我的这项发明申请专利。
14.	规模	guīmó	名5	scale	这家公司只有五名员工,规模很小。
15.	总裁	zǒngcái	名5	president of a company	史蒂夫·乔布斯(Steve Jobs)是苹果公司的前任总裁。

续　表

序号	生词	拼音	词性	英语释义	例　句
16.	逐步	zhúbù	副[5]	step by step; gradually	进入冬天,气温逐步下降。
17.	实施	shíshī	动[6]	carry out; implement; put into effect	从下周起,公司实施新的规定:每天9点上班18点下班。
18.	经营	jīngyíng	动[5]	manage; operate; run（business）	他的父亲在学校旁边经营一家小商店。
19.	设立	shèlì	动[6]	to set up; to establish	今年,那家企业在上海设立了第一家海外分公司。
20.	代表处	dàibiǎochù	名	representative office	全国20个城市都有我们公司的代表处。
21.	金融	jīnróng	名[6]	finance	上海是中国的金融中心。
22.	专注	zhuānzhù	形[中]	concentrate one's attention on; be absorbed in	上课时,他高度专注,认真听着老师说的每一句话。

专有名词　Proper Nouns

任正非	Rén Zhèngfēi	Name of a person, president of Huawei
巴塞罗那	bāsàiluónà	Barcelona, the second biggest city in Spain
微软	wēiruǎn	Microsoft, an American multinational technology company

选择　Choose the correct answers

1. 关于华为公司的创立,下面哪一项不正确?　　　(　　)

　　A. 华为公司不是任正非一个人创立的。

B. 创立华为的时候,任正非就不太年轻了。

C. 华为公司是从一个很小的工厂开始的。

D. 华为公司一开始就改写了世界通信制造业的历史。

2. 2003年,华为公司的展台为什么被安排在一个小帐篷里?

（　　）

A. 主办方特地为华为公司安排的。

B. 主办方对"中国制造"的印象不好。

C. 主会场的帐篷都满了。

D. 华为只需要一个小帐篷就够了。

3. 根据课文,华为取得了巨大的成功,最主要的原因是什么?

（　　）

A. 创新　　B. 全球化　　C. 投入　　D. 运气

4. 下面哪一条最符合华为公司的情况?　　（　　）

A. 华为公司最近十年在研发经费的投入都超过了苹果公司。

B. 华为公司只做通信行业,不从别的行业赚钱。

C. 华为进入无人区,意思是华为的员工越来越少。

D. 华为在国外的销售业绩比国内好。

语言点　Language Points

1. 致力于

原文:华为公司<u>致力于</u>构建未来信息社会,构建更美好的全联接智慧世界。

说明:花全部的力气(能力)做某事

例句:

政府致力于改善人民生活,为人民创造更好的生活条件。

霍金(Huò Jīn, Stephen William Hawking)一生都致力于科

学事业,为人类的发展作出了很大的贡献。

练一练:

她的专业是食品安全,这么多年来,她一直致力于_____
_____。

这个节目主要介绍中国的古典诗词,致力于_____
_____。

2. 最……的无疑是……

原文:2016年在巴塞罗那举办的第十六届世界通信展上,最吸引眼球的无疑是华为公司6 000平方米的主展台。

说明:最……的当然是……

例句:

在国外生活,最有意思的无疑是可以了解不同的文化。

学习经贸汉语,最难的无疑是词汇。

练一练:

在中国生活,最幸福的(时候)无疑是_____
_____。

近几年出现的新事物中,最_____的无疑是____
_____。

3. ……,再加上……,……。

原文:那时"中国制造"给人的印象是:低价、劣质、不可靠,再加上主会场的展位已满,华为的展台最终被安排在一个临时的帐篷里。

说明:(原因1),再加上(原因2),(结果)

例句:

丽丽长得漂亮,再加上性格活泼、乐于助人,深受老师和同学的喜爱。

新的药物很有效,再加上他积极配合医生治疗,身体恢复得非常不错。

练一练:

他最近学习很努力,再加上_____,汉语进步得非常快。

这套公寓位于市中心,再加上_____,_____。

综合练习 Comprehensive Exercises

一、选词填空 Fill in the blanks with the most proper words.

> 模仿　实施　稳步　志同道合　临时
> 方案　核心　同比　诞生　投入

1. 下个月就要出发了,旅行的_____准备好了吗?
2. 新产品很受欢迎,今年的销售额_____增加了20%。
3. 我觉得每天花3小时学习汉语很值得。_____的时间越多,进步得越快。
4. 你会_____动物的叫声吗?
5. 改革开放以来,中国的经济水平_____提高。
6. 喜欢上这个网站的人都有着共同的爱好,我因此认识了很多_____的好朋友。
7. 这家医院每天有20个婴儿_____。
8. 这只是_____的住所,下个月我们就可以搬进新家了。
9. 请用一句话总结这篇文章的_____思想。
10. 新规定_____以后,路上乱扔垃圾的人明显少多了。

二、句型练习　Follow the given sentence pattern and complete the sentences.

1. 华为<u>是一家生产销售通信设备的</u>民营通信科技<u>公司</u>,<u>总部位于</u>中国深圳市。

   星巴克是一家出售＿＿＿＿＿＿的＿＿＿＿公司,总部位于＿＿＿＿。

2. 2018年<u>年报显示</u>,华为<u>业绩</u>稳步增长,<u>实现</u>全球销售收入7 212亿元人民币,<u>同比增长</u>19.5%。

   2018年年报显示,亚马逊(yàmǎxùn,Amazon)业绩＿＿＿＿＿＿＿,实现＿＿＿＿＿＿,同比＿＿＿＿＿＿。

3. 华为的<u>发展以"创新"为核心</u>。<u>当</u>大多数中国企业还在模仿海外产品<u>时</u>,华为<u>就</u>已经成为ICT领域拥有最多专利的中国公司。

   小米公司(MI Group)的发展以＿＿＿＿为核心。当苹果、三星(SAMSUNG)等品牌还在生产售价五六千元的高端手机时,小米就已经＿＿＿＿＿＿＿＿＿＿＿。

三、成段表达　Communicate in short paragraphs using the given words.

1. 华为公司是怎样创立起来的?(志同道合、诞生、即将)
2. 2003年的展会上,华为公司的展台为什么只是一个临时的小帐篷?(劣质、可靠、再加上)
3. 华为是如何进行"创新"的?(投入、专利、规模)
4. 除了创新以外,华为的成功还有哪些原因?(全球化、金融、房地产、专注)

副课文 Supplementary Reading

大陆手机品牌为何受到台湾民众的欢迎?

OPPO、小米、华为等大陆手机品牌近年登陆台湾,市场占有率①均进入前十,获得越来越多台湾民众的青睐②。新华社专记者4月2日走访台北多个手机销售门店,看看大陆手机为何广受台湾民众欢迎。

台北松江路上的"小米之家"是小米在台开设的首家体验店,2日这里正举办一年一度的"米粉节"。距上午开始营业还有40分钟,店外就排起了长队,男女老少皆③有。

34岁的陈先生选购了一台高价位的小米手机,他的上一台手机也是这个品牌。他说,小米手机性价比④高,科技含量⑤足,自己是忠实⑥"米粉"。陈先生还购置⑦了小米手环⑧、小米音响⑨等产品,他认为配合⑩手机使用"有很好的科技体验"。

19岁的张姓台湾青年正在向朋友演示⑪小米手机的使用方法。他已购买两台小米手机,价格分别

① 占有率(中)(名) zhànyǒulǜ:(market) share
② 青睐(高)(动) qīnglài:favor; preferred
专.新华社 xīnhuáshè:Xinhua News Agency

③ 皆(6)(副) jiē:all
④ 性价比(高)(名) xìngjiàbǐ:price/performance ratio
⑤ 含量(高)(名) hánliàng:content
⑥ 忠实(6)(形) zhōngshí:loyal
⑦ 购置(高)(动) gòuzhì:purchase
⑧ 手环(名) shǒuhuán:bracelet
⑨ 音响(6)(名) yīnxiǎng:sound equipment
⑩ 配合(5)(动) pèihé:cooperate; fit; work together

⑪ 演示(高)(动) yǎnshì:demonstrate; show-how

为新台币5 999和6 999元。他说,小米手机在同等价位手机中,功能表现突出⑫,对刚工作的年轻人而言,价格很亲民。因此,特别带着朋友来"小米之家"体验选购。

"远传电信专"台北民生东路门店的工作人员刘先生介绍说,大陆品牌手机销量不错,部分高端⑬手机性能和苹果、三星专等品牌手机差不多,价格却便宜约三成,预算⑭有限的消费者便会考虑国产品牌。台北民生东路营业厅⑮的工作人员陈先生也表示,近年大陆手机卖得越来越好。以最近销售火爆⑯的OPPO R11手机为例,前后摄像头⑰像素⑱均达到2 000万,自拍功能强大,尤其受到年轻消费者欢迎。

"过去,一些民众对大陆手机了解不多,担心陌生品牌不可靠,就不敢买。这几年,大陆手机口碑越来越好,口口相传,用过的人向亲友推荐,就有越来越多的顾客发现大陆手机的优势⑲。"陈先生说。

(资料来源:《台湾观察:大陆手机品牌缘何广受台湾民众欢迎》,新华网2018—04—02,有删改)

⑫ 突出^{(5)(形)} tūchū:outstanding

专.远传电信 yuǎnchuán diànxìn:name of a Telecom store
⑬ 高端^{(中)(形)} gāoduān:high-end
专.三星 sānxīng:SAMSUNG, a South Korean multinational conglomerate.
⑭ 预算^{(6)(名)} yùsuàn:budget
⑮ 营业厅^(名) yíngyètīng:business hall; business office
⑯ 火爆^{(中)(形)} huǒbào:hot
⑰ 摄像头^(名) shèxiàngtóu:webcam, camera
⑱ 像素^(名) xiàngsù:pixel

⑲ 优势^{(5)(名)} yōushì:superiority; advantage

一、选择　Choose the correct answers

1. 根据课文,下面哪一项说法正确?　　　　　　　(　　)
   A. 国产手机在台湾卖得不是很好。
   B. 新华社记者想在台湾购买国产手机。
   C. 松江路上的"小米之家"还没开门,就有很多人在店外排队了。
   D. 松江路上的"小米之家"4月2号第一次正式营业。

2. 第二段和第三段里的"米粉",最可能是什么意思?　(　　)
   A. 米饭　　　　　　　　B. 米线
   C. 小米　　　　　　　　D. 小米的粉丝

3. 张姓台湾青年为什么带朋友来看小米手机?　　　(　　)
   A. 他自己还想再买一台。
   B. 他觉得小米手机性价比很高。
   C. 他是营业厅的工作人员。
   D. 他想看看是不是有什么新款。

4. 根据课文,OPPO R11 手机卖得好,最主要的原因是什么?
   　　　　　　　　　　　　　　　　　　　　　　(　　)
   A. 预算不用太高　　　　B. 性能好
   C. 价格亲民　　　　　　D. 拍照功能强大

5. 最后一段里的"口碑",最接近下面哪一项的意思?(　　)
   A. 口里的石碑　　　　　B. 普遍的评价
   C. 口头的表达　　　　　D. 知名度

二、谈一谈　Discussion

1. 请你查阅资料,了解一下文章中提到的国产手机,如小米、OPPO 等品牌的创立与发展历程,它们的代表产品有哪些、价格与特点是怎样的?它们的销售策略与业绩又如何?

2. 请你采访5位使用过中国国产手机的同学,请他们谈谈使用感受,并与三星、苹果等国际知名品牌的手机进行比较。
3. 在完成前两题的基础上,请你谈一谈自己的看法:中国国产手机的前景(qiánjǐng,prospect)光明吗?为什么?

第四讲　从"共享单车"开始的"共享经济"

热身　Warm-up

1. 你是共享单车（gòngxiǎngdānchē, shared bicycle）的用户吗？如果是，请你介绍一下怎么使用共享单车；如果不是，请你了解一下共享单车。

2. 你安装过哪些共享单车的应用程序？在用户体验方面，它们有哪些不同？
3. 在你看来，共享单车的出现是好事还是坏事？

背景简介　Background introduction

共享单车是指企业在校园、地铁站点、公交站点、商业区、居民区、公共服务区等提供的自行车单车共享服务，采用分时租赁①模式②。用户通过智能手机，可以快速租用和归还③单车，用可负担④的价格方便地完

① 租赁 (6)(动) zūlìn：rent；lease
② 模式 (6)(名) móshì：model；mode；pattern
③ 归还 (6)(动) guīhuán：return；give back
④ 负担 (6)(动) fùdān：bear a burden

成一次几公里的市内骑行。共享单车属于新型环保共享经济的产物,符合⑤政府倡导的"低碳出行"。

共享单车出现以来,市场上共有30余⑥个品牌参与过竞争。但随着行业的发展,部分公司先后倒闭⑦,另有部分公司出现押金⑧、余额退款困难等现象。车辆乱停乱放、骑行安全等问题也时有发生,2017年5月,上海成立"共享单车专业委员会⑨",讨论对共享单车的监督⑩管理。

⑤ 符合 (4)(动) fúhé:accord with; conform to

⑥ 余 (5)(数) yú:more than; beyond

⑦ 倒闭 (6)(动) dǎobì:close down; go bankrupt

⑧ 押金 (6)(名) yājīn:deposit

⑨ 委员会 (6)(名) wěiyuánhuì:commission

⑩ 监督 (6)(动) jiāndū:supervise

回答问题 Answer the following questions:

1. 用自己的话说一说,什么是共享单车?
2. 除了使用方便,共享单车还有哪些优势?
3. 根据课文,共享单车的品牌多吗?相关公司发展得怎么样?
4. 随着行业的发展,共享单车出现了哪些问题?
5. 为了解决共享单车出现的问题,上海市政府做了什么?

主课文 Main Text

烧钱结束:"小黄车""小橙车"恢复20元月卡

在共享单车领域,进入最早、且一直保持最高市场占有率的两家便是摩拜和ofo。"小橙车"摩拜2015年由"80后"女生胡炜炜

创办,截至 2017 年 10 月,摩拜单车已进入全球 9 个国家的超过 180 个城市,运营超过 700 万辆智能单车,全球用户超过 2 亿,每天提供 3 000 万次骑行。"小黄车" ofo 于 2017 年 3 月开启"信用免押金"模式,当月活跃用户数为 1 636.2 万,是摩拜的 1.3 倍。目前,小黄车和小橙车共同覆盖了 90% 以上的市场,遥遥领先于其他品牌。

2018 年春节过后,有不少用户发现,自己使用的摩拜、ofo 平台都涨价了,月卡恢复到 20 元的原价,这让一些用户觉得难以接受。用户朱小姐表示:"不划算!20 元,按每次 0.5 元计算,最多可以骑 40 次没错,但我一个月根本骑不了那么多次。"当然,使用率因人而异,另一位白领俞小姐接受采访时说,自己已经养成了"地铁+单车"的通勤习惯,20 元月卡对她这种高频率、短距离的用户,依然具有吸引力。

专家表示,2017 年共享单车"烧钱"大战异常激烈,骑行领红包、优惠券、一周免费骑行、2 元月卡、5 元季卡等活动一个接一个,消费者已经养成了一定的习惯,一下子改变确实有点困难,但这毕竟不是长久之计,一直采用低价策略,企业无法负担车辆投放、维修、人员管理等固定运营成本。目前,共享单车市场的格局已经基本形成,此次涨价,是企业回归理性竞争,寻求盈利的一条必经之路。收取费用,也有利于企业完善自己,为客户提供更稳定的高质量单车与服务。

(资料来源:《ofo、摩拜恢复 20 元月卡 投资人:希望结束烧钱大战》,新浪网 2018—03—05;《摩拜、ofo 月卡费起步价恢复为 20 元 用户觉得有点贵》,东方网 2018—03—05,有删改)

生词 New Words

序号	生词	拼音	词性	英语释义	例句
1.	运营	yùnyíng	动高	run (business), operate	这座工厂是由两家公司共同运营的。
2.	开启	kāiqǐ	动高	open	只要有人走近,那个门便会自动开启。
3.	划算	huásuàn	形中	cost-effective	这水果既新鲜又好吃,今天打5折,太划算了!
4.	因人而异	yīnrén'éryì		vary from person to person	虽然一起上课,但学生对课文内容的理解程度是因人而异的。
5.	白领	báilǐng	名中	white-collar employees	小王在公司工作,属于白领。
6.	通勤	tōngqín	动	commute	数据显示,上海人均通勤时间是50分钟。
7.	频率	pínlǜ	名6	frequency	成年人心跳的正常频率在每分钟60—100次。
8.	依然	yīrán	副5	still; as before	十年过去了,他依然还爱着那个女孩儿。
9.	异常	yìcháng	副6	extremely; particularly	妈妈对她的教育异常严格,即使和朋友聚会,晚上9点前也必须回家。
10.	激烈	jīliè	形5	fierce; intense	在竞争激烈的今天,只有不断提高自己,才能获得更多机会。
11.	优惠券	yōuhuìquàn	名	discount coupon	有了这张优惠券,买东西可以打8折。
12.	毕竟	bìjìng	连5	after all	毕竟您已经80岁了,还是要多注意身体啊!
13.	长久之计	chángjiǔzhījì		a permanent solution	骗人不是长久之计,早晚会被发现的。

续表

序号	生词	拼音	词性	英语释义	例句
14.	维修	wéixiū	动6	repair; fix	您好,我家的电视机坏了,能马上派人来维修吗?
15.	固定	gùdìng	形5	fixed; regular	每周我们都在固定的时间上课。
16.	格局	géjú	名6	setup; structure	装修改变了房屋的格局,看起来空间好像大多了。
17.	理性	lǐxìng	形高	rational	男人一般比女人理性。
18.	寻求	xúnqiú	动高	to seek; to pursue	遇到问题别着急,大家一起寻求解决的办法。
19.	盈利	yínglì	名6	profit	集团去年实现盈利1 000万元。
20.	完善	wánshàn	动6	improve and perfect	虽然我们的设计还有很多不足的地方,但我们有信心完善它。

专有名词　Proper Nouns

摩拜	móbài	Mobike, name of a bike-sharing company
ofo		name of a bike-sharing company
80后	bālíng hòu	the generation who were born in 1980s
胡炜炜	Hú Wěiwěi	name of a person, co-founder of bicycle-sharing company Mobike.

判断对错　True or False

1. "小黄车"的创始人是女生,用户一直比摩拜多。　　(　　)
2. 不付押金,也可以使用ofo单车。　　　　　　　　　(　　)

3. 不管骑车的次数多少,用户都觉得涨价以后,使用共享单车不划算。（ ）
4. 课文里"烧钱"的意思可能是指花大量的钱用于公司发展。（ ）
5. 目前,共享单车市场的情况已经比较稳定了。（ ）
6. 作者认为,从长远来看,共享单车涨价,对用户是有好处的。（ ）

语言点 Language Points

1. ……是指……

原文：共享单车**是指**企业在校园、地铁站点、公交站点、商业区、居民区、公共服务区等提供的自行车单车共享服务。

说明：……的意思是……

例句：

民营企业是指私人投资、创立、管理、经营的企业,与"国营"企业相对。

高铁是指可以让时速 200 公里以上的火车安全行驶的铁路,是"高速铁路"的简称。

练一练：

无现金支付,是指＿＿＿＿＿＿＿＿＿＿＿＿＿＿＿＿＿＿。

低碳生活,是指＿＿＿＿＿＿＿＿＿＿＿＿＿＿＿＿＿＿。

2. 毕竟

原文：烧钱**毕竟**不是长久之计,一直采用低价策略,企业无法负担车辆投放、维修、人员管理等固定运营成本。

说明：强调原因或者特点,一般是客观事实,多用于补充说明。

例句:

别批评他了,毕竟他还是小孩子,不懂事。

东西好是好,可毕竟太贵了,我还是不买了。

练一练:

只有你明白他的意思,毕竟＿＿＿＿＿＿＿＿＿＿＿＿＿＿＿。

梦想总是美好的,但毕竟＿＿＿＿＿＿＿＿＿＿＿＿＿＿＿。

3. 有利于

原文:收取费用,也<u>有利于</u>企业完善自己,为客户提供更稳定的高质量单车与服务。

说明:对……有好处

例句:

经常锻炼有利于身体健康。

政治格局不稳定,不利于国家的经济发展。

练一练:

＿＿＿＿＿＿＿＿＿＿＿＿＿＿＿＿＿＿＿,有利于学好汉语。

学好汉语,有利于＿＿＿＿＿＿＿＿＿＿＿＿＿＿＿＿＿＿。

综合练习 Comprehensive Exercises

一、选词填空 Fill in the blanks with the most proper words.

> 监督 通勤 倒闭 模式 盈利
> 因人而异 依然 押金 频率 激烈

1. 那家企业宣布＿＿＿＿＿＿＿,几千名员工一夜之间没了工作。

2. 入住宿舍以前,请支付500元_____,退房的时候退还。
3. 每种药物的效果都_____。
4. 老板的房间在职员的后方,这样可以_____大家工作。
5. 虽然最后的比分是0∶0,但大家都说这是一场异常_____的比赛。
6. 对于上班族来说,最常用的_____工具当然是地铁。
7. 很多国家都在研究和学习中国的经济发展_____。
8. "因为……所以……"是汉语中使用_____很高的一个句型。
9. 由于原材料价格上涨,这个月我们几乎没有_____。
10. 长大以后,他_____喜爱那个小玩具。

二、句型练习　Follow the given sentence pattern and complete the sentences.

1. 一直采用低价策略<u>不是长久之计</u>,企业无法负担车辆投放、维修、人员管理等固定运营成本。
   _____减肥,不是长久之计。一旦恢复了饮食,又会发胖。

2. 共享单车的使用率<u>因人而异</u>。
   看同一部电影,有的人哭,有的人笑。_____因人而异。

3. 此次涨价,<u>是</u>企业回归理性竞争,寻求盈利的<u>必经之路</u>。
   _____是练习外语、学好外语的必经之路。

三、成段表达　Communicate in short paragraphs using the given words.

1. 请用自己的话介绍一下"小黄车"与"小橙车"。(市场占有率、

运营、遥遥领先)
2. 对于涨价,用户有哪些不同的看法?(因人而异、频率、划算)
3. 2017年,共享单车主要的营销策略是什么?这样做有什么好处和坏处?(优惠券、长久之计、负担、固定成本)
4. 现在的共享单车市场情况怎样?企业为什么在此时选择涨价?(格局、理性、盈利、完善)

副课文 Supplementary Reading

上海出台最严共享单车限制令①

2017年3月,考虑到上海市中心城区共享单车停放点的容量②已接近饱和③,市交通委专约谈了摩拜、ofo等6家共享单车企业,要求其暂停④投放新的单车。可为了抢占市场,各品牌在全市的单车投放速度却并未放缓⑤。有数据显示,2月时上海的共享单车投放量差不多是45万辆,结果到了8月,这个数字已经翻了三倍,变成了150万辆。

根据上海道路研究院的报告结果,上海能够满足老百姓出行的共享单车应该在60万辆左右。也就是说,共享单车在上海已经处于极度过量的状态,随之

① 限制令(名) xiànzhìlìng: restraining order
② 容量(高)(名) róngliàng: capacity, volume
③ 饱和(6)(动) bǎohé: saturated
专.交通委 jiāotōngwěi: Traffic Committee of Shanghai
④ 暂停(动) zàntíng: suspend; pause

⑤ 放缓(高)(动) fànghuǎn: slow down

而来的就是城市管理的大难题。单车占用人行道、公共出入口等的现象屡禁不止⑥。有记者在北京的街头做了一个实验,分别选取三个地点的盲道⑦步行1 000米,结果在一个小时内,记者总共"撞"了共享单车16次,可想而知⑧乱停乱放的单车给盲人朋友的出行带来了多大的困扰⑨!

　　强制性⑩不足的口头约谈并未取得预期⑪效果。2017年8月,上海市交通委出台⑫"最严共享单车限制令",明确告知各单车企业自即日⑬起,必须暂停新增投放车辆。一旦发现,将作为严重失信⑭行为处理,影响企业的征信档案⑮。如果企业的征信档案出现不良记录,今后在办理银行贷款⑯审批⑰时,就会受到很大的限制。上海也因此成为继杭州、福州、广州、郑州、南京等城市之后,国内又一个暂停新增投放共享单车的城市。对于这项新规定,市民普遍表示支持。一位接受采访的张先生说:"我家小区门口,损坏的共享

⑥ 屡禁不止 lǚjìnbùzhǐ：despite repeated prohibitions；remain incessant
⑦ 盲道⁽ᵃ⁾ mángdào：blind track
⑧ 可想而知 kěxiǎng'érzhī：one can imagine
⑨ 困扰⁽高⁾⁽动⁾ kùnrǎo：trouble；perplex
⑩ 强制性⁽⁶⁾⁽名⁾ qiángzhìxìng：mandatory，compulsory
⑪ 预期⁽⁶⁾⁽动⁾ yùqī：expected；anticipated
⑫ 出台⁽高⁾⁽动⁾ chūtái：release；unveil
⑬ 即日⁽中⁾⁽名⁾ jírì：that day
⑭ 失信⁽动⁾ shīxìn：break one's word
⑮ 征信档案⁽名⁾ zhēngxìn dàng'àn：credit archives
⑯ 贷款⁽⁵⁾⁽名/动⁾ dàikuǎn：loans；borrow a loan
⑰ 审批⁽高⁾⁽动⁾ shěnpī：examine and approve

单车堆⑱在一起,已经一两个月了。这不但造成了资源浪费,有时候晚上路过不注意还会碰到,十分危险。"

新规定下达之后,摩拜与ofo均表示会积极配合政府工作,及时停止新增车辆投放,同时加强人手,加快清理故障⑲车辆。在今后的工作中,企业也将合理分配⑳市区郊区的单车数量,保障维修速度,重视停放秩序㉑的管理,确保运营安全。

⑱ 堆 (5)(动) duī:pile up;heap up

⑲ 故障 (6)(名) gùzhàng:breakdown;fault

⑳ 分配 (5)(动) fēnpèi:distribute;allot;assign

㉑ 秩序 (5)(名) zhìxù:order;sequence

(资料来源:《上海出台最严共享单车限制令:暂停新增共享单车投放》,央广网 2017—08—20,有删改)

一、选择　Choose the correct answers

1. 2017年8月,上海的共享单车数量达到怎样的水平?（　　）

   A. 还不够满足市民出行需要

   B. 正好满足市民出行需要

   C. 接近饱和

   D. 已经过量

2. 下面哪一项不是上海市政府决定出台最严共享单车限制令的原因?（　　）

   A. 共享单车乱停乱放现象严重。

   B. 共享单车投放数量太多,给城市管理带来了很多问题。

   C. 共享单车企业出现了失信行为。

   D. 交通委口头约谈单车企业的效果不好。

3. 如果不遵守新出台的限制令,共享单车企业会面临怎样的后果? （ ）

   A. 征信档案受到影响   B. 一定办不了银行贷款

   C. 不能继续投放单车   D. 车辆被破坏

4. 根据课文,下面哪一项的说法是正确的? （ ）

   A. 市民希望共享单车越多越好。

   B. 如果你是盲人,走 1 000 米路就一定会撞到 16 次共享单车。

   C. 上海是第一个暂停投放共享单车的城市。

   D. 除了上海以外,许多其他城市也已经出台规定,暂停投放共享单车

5. 新规定实施以后,可能会出现下面哪种情况? （ ）

   A. 故障车辆越堆越多。

   B. 市区的部分单车被投放到郊区。

   C. 共享单车大量增多。

   D. 共享单车乱停乱放的现象更加严重。

二、谈一谈　Discussion

1. 目前,共享单车已经被"出口"到了很多国家。请你查阅资料,了解一下共享单车企业在国外发展的具体情况,并与其在中国的近况进行比较。

2. 除了共享单车以外,你还能说出哪些生活中的"共享经济"的例子?请给大家介绍一下。

3. 你有没有关于"共享经济"的创业好主意?请给大家具体说明一下。

第三单元 从『中国制造』到『中国智造』

第五讲　海尔：砸了冰箱走出去

🍀 热身　Warm-up

1. 你使用过海尔公司的产品吗？使用感觉如何？"海尔"品牌在你心中的印象是怎样的？
2. 在你看来，中国制造的家电产品质量好吗？如果要购买冰箱，同样的价格下，你会选择购买中国品牌的，还是其他的世界名牌？
3. 你听说过"中国制造2025"的计划吗？这个计划是哪一年、在什么背景下提出的？

🍀 背景简介　Background introduction

海尔集团1984年创立于青岛专，集团坚持以用户需求为中心，以创新推动企业持续①健康发展。近年来，通过对互联网模式的探索②，海尔实现了稳步增长。2016年世界权威③调查机

专·青岛 qīngdǎo：a port city in eastern China.
① 持续(5)(副) chíxù：sustained
② 探索(6)(动) tànsuǒ：to explore
③ 权威(6)(名) quánwēi：authority

059

构④的数据显示：海尔当年的零售量占全球大型家用电器市场的10.3%，这也是海尔自2009年以来第八次蝉联⑤全球白色家电第一品牌。

中国被称为⑥"世界工厂"，"中国制造"遍布⑦全球。但大多数中国工厂并无自主⑧开发的技术和品牌，仅靠代工生产来赚取微薄⑨的利润⑩，"中国制造"成了廉价⑪产品的代名词⑫。2015年政府工作报告提出"中国制造2025"的计划，希望变"制造"为"智造"，推动中国制造向中高端⑬发展，加速技术创新与产业升级。

④ 机构(6)(名) jīgòu：institution; organization

⑤ 蝉联(动) chánlián：continue to hold a post; stay on a position for another term

⑥ 称为(中)(动) chēngwéi：call as

⑦ 遍布(6)(动) biànbù：be found everywhere; spread all over

⑧ 自主(6)(动) zìzhǔ：act on one's own; independently

⑨ 微薄(高)(形) wēibó：meager

⑩ 利润(5)(名) lìrùn：profit

⑪ 廉价(高)(名) liánjià：low-priced; cheap

⑫ 代名词(高)(名) dàimíngcí：synonym

⑬ 端(6)(名) duān：end

回答问题　Answer the following questions：

1. 海尔集团是哪一年，在哪里创立的？集团发展的核心是什么？
2. 最近几年，海尔集团稳步增长的原因是什么？
3. 在全球大型家用电器品牌中，海尔有着怎样的市场地位？
4. 为什么大家觉得"中国制造"的产品很廉价？
5. 根据课文，"中国制造2025"计划是哪一年、由谁提出的？
6. "中国制造2025"计划的目标是什么？

主课文 Main Text

海尔：砸了冰箱走出去

1985年，厂长张瑞敏收到用户来信，说冰箱质量有问题。他带人检查仓库，发现400多台冰箱中竟有76台不合格。那时一台冰箱2 000多元，虽然相当于一个工人三年多的工资，却在市场上供不应求。有人建议，冰箱质量差点儿没什么关系，不如便宜点儿卖给自己的员工吧，但张瑞敏却带头亲

自把这76台不合格的冰箱全部砸掉，以此树立并强化了员工的质量观念。三年后，海尔获得了中国电冰箱历史上第一枚国家质量金奖，也奠定了公司在家电行业的领军地位。

1998年，海尔选择"走出去"，在美国建厂，雇佣美国工人生产家电，并在纽约建立贸易公司，形成从设计、生产到销售"三位一体"的本地化体系，这帮助海尔获得了当地的销售渠道与行业质量的认可，利用当地资源实现了发展。目前，海尔在中国、亚洲、美洲、欧洲、澳洲拥有五大研发中心，在世界各地设立了24个工业园，在全球范围内建立了66家贸易公司、14余万个销售网点。这些海外研发、制造、销售的综合运营中心保证海尔迅速地了解各国消费者的实际需求与市场特点，为海尔降低了汇率与政策风险，减少了供应成本，帮助海尔实现了稳步、快速的发展，并为海尔成为当地知名品牌奠定了基础。目前，海尔品牌已成功进入沃尔玛、百思买等美国十大主流销售渠道，有超过30%的美国家庭使用海尔家电，并且这一份额还在继续上升。

（资料来源：《从"砸冰箱"到"砸组织"》，大众日报 2018—04—03；《34年见证时代海尔》，搜狐财经 2018—03—09，有删改）

生词 New Words

序号	生词	拼音	词性	英语释义	例句
1.	砸	zá	动6	to smash	这辆车被从楼上掉下来的花盆砸坏了。
2.	供不应求	gōngbùyìngqiú		demand exceeds supply	那种手机性价比高,功能丰富,一推向市场便供不应求。
3.	树立	shùlì	动6	build up; establish	你是大哥,应该为弟弟妹妹树立一个好榜样。
4.	强化	qiánghuà	动中	to strengthen; to reinforce	过去几年,人们保护环境的意识得到了强化。
5.	观念	guānniàn	名5	concept; idea	虽然我们有不同的文化和观念,但我们的梦想是一样的。
6.	枚	méi	量6	measure word	他从口袋里拿出几枚硬币。
7.	奠定	diàndìng	动6	lay the foundation of…	现在努力工作,是为将来的生活奠定基础。
8.	领军	lǐngjūn	动	leader; leading position	她是这个领域的领军人物。
9.	雇佣	gùyōng	动5	to hire; to employee	她和丈夫决定雇佣一名阿姨,专门照顾小孩。
10.	建立	jiànlì	动5	to establish; to set up; to build	同学们在长期的学习生活中,建立了深厚的感情。
11.	设计	shèjì	动5	to design	她是一位服装设计师。
12.	体系	tǐxì	名6	system	近年来,社会保障体系正在被逐步完善。
13.	渠道	qúdào	名6	channel	公司需要建立有效的交流渠道,听取顾客的意见。
14.	认可	rènkě	动6	to recognize; to accept	他做了很多好事,得到了大家的认可。
15.	资源	zīyuán	名5	resource	他们正在建设信息资源共享平台。
16.	网点	wǎngdiǎn	名中	network; branch	离这儿最近的银行网点在哪儿?

续表

序号	生词	拼音	词性	英语释义	例句
17.	汇率	huìlǜ	名[5]	exchange rate	人民币的汇率保持稳定。
18.	风险	fēngxiǎn	名[5]	risk	他冒着失败的风险,向银行贷款投资。
19.	成本	chéngběn	名[6]	cost	制造这件东西的成本是多少钱?
20.	主流	zhǔliú	名[6]	main trend; mainstream	流行音乐一直属于主流文化。

专有名词 Proper Nouns

张瑞敏	Zhāng Ruìmǐn	name of a person, founder of Haier Group
纽约	niǔyuē	New York City, one of the largest and most famous city in U.S.
沃尔玛	wò'ěrmǎ	Walmart, an American multinational retail corporation
百思买	bǎisīmǎi	Best Buy, an American multinational consumer electronics retailer

选择 Choose the correct answers

1. 张瑞敏为什么把76台冰箱全部砸掉? （　　）
   A. 他不想便宜卖给自己的员工。
   B. 市场上的冰箱太多了。
   C. 他想让员工知道产品的质量最重要。
   D. 他想要获得国家质量金奖。

2. 下面哪一条不是海尔"走出去"获得的好处? （　　）
   A. 雇佣的工人更便宜　　　B. 进入当地主流销售渠道
   C. 降低供应成本　　　　　D. 了解当地市场特点

3. 海尔"三位一体"的本地化体系,不包括下面哪一项? （　　）
   A. 设计　　　B. 生产　　　C. 销售　　　D. 宣传
4. 根据课文,下面哪一种说法是不正确的?　　　　（　　）
   A. 可以说,海尔已经成功地"走出去"了。
   B. "走出去"的海尔,会面对更大的汇率风险。
   C. 今天,海尔在国外市场取得了不错的占有率。
   D. 如今,美国消费者可以在沃尔玛等当地商场买到海尔产品。

语言点　Language Points

1. ……是/成为……的代名词

原文:"中国制造"成了廉价产品的代名词。

说明:A 是/成为 B 的代名词:一说到 A,就想到 B;A 是 B 的典型代表(diǎnxíng dàibiǎo, typical example)。

例句:

在上海,星巴克已经成为咖啡的代名词。

长城是中国的代名词。

练一练:

在很多人眼里,肯德基(kěndéjī, KFC)是＿＿＿＿＿＿＿＿＿＿的代名词。

在我的国家,＿＿＿＿＿＿＿＿＿是美丽的代名词。

2. 不如……(吧)

原文:冰箱质量差点儿没什么关系,不如便宜点儿卖给自己的员工吧!

说明:提出建议

例句:

这个问题我们讨论了半天也没有结果,不如去问老师。

房间里空气不太好,不如开点儿窗吧!

练一练:

你吃了几天药还没好,不如_____。

晚上熬夜对身体不好,不如_____吧!

3. ……,以此……

原文:张瑞敏带头亲自把这76台不合格的冰箱全部砸掉,<u>以此</u>树立并强化了员工的质量观念。

说明:为了、为的是;前句是行为(xíngwéi, behavior; action),通过这个行为,达到后句的目的(mùdì, objective; goal)。

例句:

政府出台最严单车限制令,以此强化对共享单车的管理。

每年"双十一"淘宝网都会组织大型的打折活动,以此吸引更多客户,提高销售量。

练一练:

海尔集团在国外建立研究中心与销售网点,以此_____

_____。

华为把大量的资金投入研发、申请专利,以此_____

_____。

综合练习 Comprehensive Exercises

一、选词填空 Fill in the blanks with the most proper words.

> 蝉联　雇佣　利润　树立　渠道
> 廉价　奠定　供不应求　风险　权威

1. 新产品的上市给公司带来了巨大的_____。
2. 那家公司在行业内很有_____,大家都相信他们的报告结果。
3. 周末,商场的停车位常常_____。
4. 五千年的悠久历史,_____了中国在世界文明史上的独特地位。
5. 他又获得了金牌,_____了世界游泳冠军。
6. 如果你打算创立自己的公司,_____一位律师还是很有必要的。
7. 20世纪90年代,为了获得_____劳动力,许多国际企业来中国投资建厂。
8. 有了互联网以后,电视、报纸不再是获取信息的主要_____。
9. 在比赛中获奖,帮助我_____了信心。
10. 手术当然不是100%成功的,医生会给你说明手术的所有_____。

二、句型练习 Follow the given sentence pattern and complete the sentences.

1. 中国<u>被称为</u>"世界工厂"。/许多人<u>把</u>中国<u>称为</u>"世界工厂"。
   熊猫(xióngmāo, panda)被称为_____。
   大家把总是低头玩手机的人称为_____。
2. 三年后,海尔获得了中国电冰箱历史上第一枚国家质量金奖,<u>也</u><u>奠定</u>了公司<u>在</u>家电行业的领军<u>地位</u>。
   海尔在海外的综合运营中心帮助它降低了汇率与政策风险,减少了供应成本,为海尔成为当地知名品牌奠定了基础。
   浦东是改革开放(gǎigé kāifàng, Reform and Open-up)的重要地区,上海人又有着天生的商业头脑,这奠定了上海在

_____的重要地位。

他当了几十年的餐厅经理,熟悉从买菜、厨房到点菜、收银(shōuyín, cashier)的全部工作,这为_____奠定了很好的基础。

三、成段表达 Communicate in short paragraphs using the given words.

1. 请用自己的话说说张瑞敏砸冰箱的故事。(供不应求、不如、质量观念)
2. 1998年,选择"走出去"的海尔在美国是怎么发展起来的?(雇佣、建立、三位一体)
3. "走出去"给海尔带来了哪些好处?(风险、成本、渠道)

副课文 Supplementary Reading

海尔:从"走出去"到"走上去"

如果洗衣机可以同时拥有上下两个滚筒①,就能轻松实现分类洗衣;如果空调可以接受语音指令②,就能让用户体验更加愉快……在刚刚举行的2015柏林专国际电子消费品展览会(IFA)上,海尔集团把这些美好的想象变成了现实,为来自世界各地的用户带来了耳目一新③的购物体验。

IFA作为全球影响力最大

① 滚筒 (名) gǔntǒng: drum of a washing machine

② 指令 (6)(名) zhǐlìng: order; command

专 柏林 bólín: Berlin, capital of Germany.

③ 耳目一新 (动) ěrmùyīxīn: find oneself in an entirely new world

的电子消费展览会之一,吸引了当前最顶尖④的技术品牌前来参加。海尔集团以"创新你的生活"为主题,用极具吸引力的产品展示⑤了海尔对于创新的理解。

在紧邻⑥博世专和西门子专的海尔展台,销售员正在向客户展示手机应用程序的操作⑦方式:"连上wifi以后,就可以随时随地用手机操作洗衣机了。不同的衣服可以分开同时洗哦!"海尔欧洲区总经理孙书宝注说:"今年展会的一个亮点是智能家电越来越多,3D打印、智能家居等已经不只是嘴上说说的概念⑧,而变成了实际的商品,这也是行业发展的未来。"

在法国巴黎专市中心的卖场,记者看到,一台1米宽⑨的法式双开门海尔冰箱售价高达2 999欧元,属于中高端价位的产品。销售人员告诉记者:"尽管⑩定位高端,这款产品还是赢得了消费者的青睐。超大容量,A+++的环保标准,华丽⑪的外观,12年质量保障,都很符合

④ 顶尖(高)(形) dǐngjiān: top

⑤ 展示(6)(动) zhǎnshì: to reveal; to show; to demonstrate

⑥ 紧邻(高)(动) jǐnlín: be next to
专 博世 bóshì: Bosch, a German industrial manufacturing company.
专 西门子 xīménzǐ: Siemens, a German industrial manufacturing company
⑦ 操作(中)(动) cāozuò: to operate

注 孙书宝 Sūn Shūbǎo: name of a person

⑧ 概念(5)(名) gàiniàn: concept

专 巴黎 bālí: Paris, capital of France.
⑨ 宽(5)(形) kuān: wide; width

⑩ 尽管(5)(连) jǐnguǎn: although

⑪ 华丽(6)(形) huálì: gorgeous; beautiful

欧洲消费者的审美⑫标准和使用需求。我自己都在考虑买一台。"

谁能想到，25年前的1990年，当时海尔第一次向德国出口冰箱，就不被海关⑬放行⑭。德国商品检验局专认为冰箱的质量一定不合格，还是张瑞敏想了个办法，让德国冰箱与海尔冰箱撕⑮去商标⑯，放在一起"盲检"，结果海尔冰箱获得了更高的通过率，才顺利通行到欧洲。

从当初艰难⑰的"走出去"，到今天向中高端市场的"走上去"，这一切都要归功于⑱海尔不断的技术创新与研发，"一切从用户需求出发，为客户创造更安全、更环保、更智能、更舒适的体验"。如今，海尔在世界各地的五大研发中心共同合作，互相助力，致力于为全世界的用户提供更好的生活解决方案。

⑫审美(6)(动) shěnměi：appreciation of the beauty

⑬海关(初)(名) hǎiguān：customs; customhouse
⑭放行(高)(动) fàngxíng：let sb. pass
专·商品检验局 shāngpǐn jiǎnyànjú：Bureau for Inspection of Commodities
⑮撕(动) sī：to tear off
⑯商标(6)(名) shāngbiāo：trademark

⑰艰难(6)(形) jiānnán：difficult; hard

⑱归功于(动) guīgōngyú：attribute the success to

（资料来源：《海尔：从"走出去"到"走上去"》，搜狐财经 2015—09—29；《张瑞敏携海尔赴德上市，30年前遭德国人嘲弄，如今海外每年进账千亿》，凤凰网 2018—04—14，有删改）

一、判断对错　True or False
1. 海尔最新的洗衣机可以同时洗不同的衣服，而且通过手机，不

管人在哪儿,都可以方便地使用。　　　　(　　)
2. 博世和西门子这些德国本土品牌都没有参加2015年柏林国际电子消费品展览会。　　　　(　　)
3. 3D打印、智能家电等因为对技术要求很高,现在还不能实现。
　　　　(　　)
4. 虽然双开门冰箱定位高端,但因为设计好,外观漂亮,法国消费者还是愿意购买。　　　　(　　)
5. 1990年,德国商品检验局错误地认为海尔生产的冰箱一定质量不好。　　　　(　　)
6. 海尔希望给顾客更好的用户体验,所以开发的产品一般价格不高。　　　　(　　)

二、谈一谈　Discussion

1. 根据课文,海尔品牌不但走出了国门,而且顺利地"走上去"了。请你查阅资料,了解一下海尔家电在国外发展的具体情况,看看有哪些比较成功的产品与案例可以和大家分享。
2. 在工业生产方面,许多国家都提出了自己的发展战略,如德国2013年就提出了"工业4.0"计划,你的国家情况如何呢?能给大家介绍一下你的国家在工业生产方面的历史与发展吗?
3. 中国是"制造大国",500多种工业产品之中,中国有220多种产品的产量居世界第一。但"制造大国"却不是"制造强国"。在你看来,中国如果想在制造方面变得更好、更强,应该在哪些方面继续作出努力?

第六讲　格力：走专业化发展道路

🌀 热身　Warm-up

1. 你听说过格力公司吗？你用过格力的空调吗？感觉怎么样？
2. 在第五讲中，我们介绍了"白色家电"。你还记得白色家电的意思吗？格力主要生产空调等生活电器，这属于白色家电吗？
3. 很多家电集团走"多元化（duōyuánhuà, diversified）"发展之路，既生产空调又生产冰箱，还投资房产、金融等；而"格力"却选择走"专业化"道路，只生产空调一项产品，请你试着比较一下这两种不同经营模式的利弊（lìbì, advantages and disadvantages; pros and cons）。

🌀 公司简介　Company Profile

格力集团成立于1985年3月，总部①位于中国珠海专，是一家大型全球性工业集团，主营家

① 总部⁽中⁾⁽名⁾ zǒngbù: headquarters
专·珠海 zhūhǎi: a city in China, one of the original Special Economic Zones established in the 1980s.

用空调、中央空调②、智能装备③、生活电器等。公司拥有8万多名员工,在全球建有珠海、重庆专、长沙专、巴西专、巴基斯坦专等11大生产基地④及五大再生资源⑤基地,覆盖了从零部件⑥生产到废弃⑦产品回收的全产业链条⑧。

目前,公司共生产20个大类、400个系列⑨、12 700多种规格⑩的产品,远销160多个国家和地区。2005年至今,格力家用空调产销量连续13年领跑全球。公司始终⑪坚持"一个没有创新的企业是没有灵魂⑫的企业,没有核心技术的企业是没有脊梁⑬的企业,没有精品⑭的企业是没有未来的企业。"

② 中央空调(名) zhōngyāng kōngtiáo: central air-conditioning
③ 装备(高)(名) zhuāngbèi: equipment
专 重庆 chóngqìng: a multipality in China.
专 长沙 chángshā: the capital of Hunan province in the south central part of China.
专 巴西 bāxī: Brazil
专 巴基斯坦 bājīsītǎn: Pakistan
④ 基地(6)(名) jīdì: base
⑤ 再生资源(名) zàishēng zīyuán: renewable resource
⑥ 零部件(5)(名) língbùjiàn: components and parts
⑦ 废弃(高)(动) fèiqì: to discard; to abandon
⑧ 产业链条(名) chǎnyè liàntiáo: industrial chain
⑨ 系列(6)(名) xìliè: series
⑩ 规格(6)(名) guīgé: specifications; norms; standard
⑪ 始终(5)(副) shǐzhōng: from beginning to the end; all the time
⑫ 灵魂(6)(名) línghún: soul
⑬ 脊梁(高)(名) jǐliáng: spine; backbone
⑭ 精品(名) jīngpǐn: quality goods; boutique

回答问题 Answer the following questions:

1. 根据课文,格力集团的主营产品有哪些?
2. 格力集团有几个生产基地?几个再生资源基地?
3. 格力集团的产业链从什么开始?到什么结束?
4. 格力生产的产品种类多吗?只在中国出售吗?
5. 格力空调的产销量高吗?
6. 用自己的话解释一下,什么是格力坚持的企业精神?

主课文 Main Text

格力电器：走"专业化"发展道路

自20世纪90年代初，一大批家电企业纷纷开始了多元化探索。如以生产电冰箱起家的海尔，早在1993年就开始涉足微波炉、热水器、吸尘器等领域；美的电器一面强调空调、风扇在公司经营结构中的重要地位，一面也开始稳步发展房地产、金融等产业。而格力电器却选了另一条道路——专业化，集团在年报中多次反复提到"坚持实施精品策略，走空调专业化生产道路"，虽然格力也有小家电业务，但在总收入中的比例微乎其微。

多年来，空调业务始终占据格力集团八成以上的份额，贡献着九成以上的利润。格力的领导层认为，各个行业都有风险，与其"多元化"分开投入资源，不如集中力量发展好一个产品，更容易取得突破。为实现专业化，格力投入大量资金用于研发，鼓励创新。目前，格力的多项专利与核心技术拥有国际领先水平。

1998年，格力喊出了"好空调，格力造"的口号，从此进入大规模扩张时期。2005年，格力家用空调销量超过1 000万台，实现了世界第一的目标，成为中国家电业在全球的"单打冠军"。2010年初，"掌握核心科技"取代了沿用十几年的口号，向世界宣告格力技术升级的决心。

"专业化是格力最突出的经营特色，也是格力实现技术创新的关键。只有'专'了，才能保障'精'和'高'。"格力总裁董明珠说道："现在市场变了，消费者首先看的不再是价格，而是品牌。中国制造要以诚信为本，以质量为上，让世界爱上中国造，让所有人都来买中国的产品,这才叫中国'质'造。"

（资料来源：《格力电器：回归竞争本质,走"专业化"发展道路》,搜狐科技 2016—06—02;《格力空调畅销全球的秘诀：科技创新 坚持专业化发展》,中国经济网 2017—07—25,有删改）

生词 New Words

序号	生词	拼音	词性	英语释义	例句
1.	涉足	shèzú	动高	set foot in; to step into	年轻的时候,我做过服务员、快递员、家教等工作,涉足多个行业。
2.	微波炉	wēibōlú	名	microwave oven	用微波炉加热一下就能吃了。
3.	吸尘器	xīchénqì	名	vacuum cleaner	有了吸尘器以后,打扫房间方便多了。
4.	风扇	fēngshàn	名5	electric fan	太热了,开风扇吧。
5.	结构	jiégòu	名5	structure	这个句子的结构有点问题。
6.	比例	bǐlì	名5	proportion; ratio	我们班男女生的比例差不多是一半一半。
7.	微乎其微	wēihūqíwēi	名	very little	我完全没有复习,通过考试的可能性微乎其微。
8.	集中	jízhōng	动5	concentrate; focus;	她那么漂亮,大家的目光都集中在她的身上。
9.	口号	kǒuhào	名高	slogan	一个新产品能不能被大家记住,广告的口号十分重要。
10.	扩张	kuòzhāng	动6	to expand	咱们公司刚刚成立几个月,我建议不要太快扩张,先打好基础。
11.	冠军	guànjūn	名5	champion	中国女排曾五次获得世界冠军。

续 表

序号	生词	拼音	词性	英语释义	例句
12.	掌握	zhǎngwò	动^S	to master; know well	掌握一门外语要花很多时间和精力。
13.	取代	qǔdài	动^中	to replace; substitute for	他受了伤,另一位球员取代了他的位置。
14.	沿用	yányòng	动	continue to use; to follow	许多古老的风俗习惯被沿用至今。
15.	宣告	xuāngào	动	to declare; to proclaim	毛主席向全世界宣告,中华人民共和国成立了。
16.	突出	tūchū	形^S	prominent; outstanding	那家餐厅最突出的特点就是服务好。
17.	诚信	chéngxìn	名^中	integrity; in good faith	如果警察也不讲诚信,还有谁可以相信?

专有名词 Proper Nouns

美的电器	měidì diànqì	Midea Group, a Chinese electrical appliance manufacturer,
董明珠	Dǒng Míngzhū	name of a person, a Chinese businesswoman who serves as Chairman of Gree Electric.

判断对错 True or False

1. 海尔集团生产家电的同时,也发展房地产、金融等产业。
( )
2. 格力电器选择专业化道路,100%只生产空调。 ( )
3. 格力集团的领导层认为,多元化发展风险更大,不如专业化容易获得成功。
( )

4. "好空调,格力造"的口号从开始一直用到现在。　　(　　)
5. 1998年以后,格力集团的市场份额不断扩大。　　(　　)
6. 根据课文,"中国质造"应该是指以诚实的态度,生产出吸引顾客的中国高质量产品。　　(　　)

语言点　Language Points

1. 一面……,一面……

原文:美的电器<u>一面</u>强调空调、风扇在公司经营结构中的重要地位,<u>一面</u>也开始稳步发展房地产、金融等产业。

说明:一边……,一边……;一方面……,另一方面……

例句:

为了赚学费,哥哥一面上学,一面在外打工。

学校一面抓学生成绩,一面也鼓励学生在体育、艺术等多方面发展。

练一练:

一面＿＿＿＿＿＿＿一面做作业的方式是不对的。

为了集团的进一步发展,公司决定一面加强在本土市场的宣传,一面＿＿＿＿＿＿＿＿＿＿＿＿＿。

2. 与其……,不如……

原文:各个行业都有风险,<u>与其</u>"多元化"分开投入资源,<u>不如</u>集中力量发展好一个产品,更容易取得突破。

说明:与其(A),不如(B):比较下来,B比A更好。

例句:

自己做饭太麻烦了。与其自己做,不如叫外卖。

与其什么都学,什么都只知道一点,不如集中精神研究一个专业,更容易取得好的结果。

练一练:

与其花钱买综合维生素(wéishēngsù, vitamin),不如多吃_____,更容易保持健康。

对海尔来说,与其等着国外的对手进入国内抢占市场,不如_____。

3. 只有……,才……

原文:只有"专"了,才能保障"精"和"高"。

说明:表示条件关系。只有(A),才(B):想要得到B,就必须具备A。

比较:只要获得HSK4级,就能在中国读本科。

只有获得HSK6级,才能从汉语言专业毕业。

例句:

只有产品质量好、价格合理,才会得到顾客的喜爱。

只有认真学习,才能取得优异的成绩。

练一练:

妈妈说,只有写完作业,才能_____。

只有_____,才能过上满意的生活。

综合练习 Comprehensive Exercises

一、选词填空　Fill in the blanks with the most proper words.

> 废弃　比例　微乎其微　精品　诚信
> 掌握　灵魂　沿用　突出　规格

1. 这件艺术品是花费了设计师一个月时间制作出来的_____。
2. 光听老师说明是没有用的,你必须亲自去做、去尝试,才能真正_____这些知识。
3. 由于战争的关系,几千名村民无家可归,晚上睡在路边或者_____的房屋里。
4. 你相信人死以后有_____吗?
5. 中国的男女_____是113∶100,不太平衡。
6. 如果产品不符合_____,就不能出厂。
7. 学校教育要让孩子懂得_____的重要,做一个诚实守信的人。
8. 小明每门课的成绩都很好,语文特别_____。
9. 听说那家公司的面试很难,几百个人里选一个,我通过的可能性_____。
10. 改建以后,这条街还_____以前的名字。

二、句型练习 Follow the given sentence pattern and complete the sentences.

1. 公司拥有8万多名员工,在全球建有珠海、重庆、长沙、杭州、巴西、巴基斯坦等11大生产基地及五大再生资源基地,覆盖了从零部件生产到废弃产品回收的全产业链条。
   肯德基拥有_____名员工,在中国开设了_____,覆盖了从养殖(yǎngzhí, poultry farming)到_____的全产业链条。

2. 1998年,格力喊出了"好空调,格力造"的口号,从此进入大规模扩张时期。
   2005年,阿迪达斯(ādídásī)集团喊出了"_____(Nothing is impossible)"的口号,从此_____

_____。

3. 现在市场变了,消费者首先看的不再是价格,而是品牌。
   时代变了,现在年轻人找工作,首先看的不再是_____
   ____,而是_____。

三、成段表达 Communicate in short paragraphs using the given words.

1. 根据课文,海尔、美的集团是如何实现多元化发展的?(涉足、一面……一面……、探索)
2. 格力为什么选择走专业化的道路?(与其……不如……、风险、集中)
3. 从1998到2010年,格力是如何一步步进行扩展的?(口号、冠军、取代、宣告)
4. 用自己的话说一说,什么是中国"质"造?(诚信、专业、保障)

副课文 Supplementary Reading

格力模式:首创"返利①"救②人救己

20世纪90年代初,中国迎来了空调发展的黄金时期,大大小小的空调企业有数百家。那时,怎样才能打响企业的知名度③,成了格力团队最大的难题。

当时,空调这一"奢侈品"刚刚起步不久,还没有成为普通百姓家庭的必需品,再加上产量

① 返利 (高)(动) fǎnlì: rebate
② 救 (6)(动) jiù: to save; to help

③ 知名度 (中)(名) zhīmíngdù: popularity; brand awareness

少、成本高、价格贵,只有天气实在热得受不了的时候,消费者才会考虑把"压箱底"的钱掏④出来买台空调。因此,空调厂家就像农民一样,也要"看天吃饭"。企业和消费者的心态截然不同⑤:消费者希望天气凉爽⑥,而企业则盼⑦着天天酷热⑧。空调销售员开玩笑说:"大家热死,我们才高兴呢!"

然而,1996年夏天,老天爷偏偏⑨不合作,整天"黑着脸",不是阴天就是下雨,气温很少超过30度。7月,当时的格力总经理朱江洪专带着员工去北方市场看了一圈,所到之处,各个品牌的空调都堆满了仓库,经销商⑩叫苦连天。由于销售不佳⑪,资金周转⑫困难,实力好一点的商家还能支持,差一点的只能天天躲⑬着银行,有的甚至考虑低价亏本⑭出售,明年不卖空调卖别的了。

于是,朱江洪想出了"返利补贴⑮"的主意,帮经销商一把。格力决定,把商家进价⑯的2%作为补贴,返还给商家,以此降

④ 掏 (6)(动) tāo: take out

⑤ 截然不同 jiéránbùtóng: totally different
⑥ 凉爽 (形) liángshuǎng: nice and cool
⑦ 盼 (5)(动) pàn: hope for; long for
⑧ 酷热 (形) kùrè: extremely hot

⑨ 偏偏 (6)(副) piānpiān: just; deliberately

专 朱江洪 Zhū Jiānghóng: name of a person

⑩ 经销商 (高)(名) jīngxiāoshāng: dealers; distributor
⑪ 佳 (6)(形) jiā: good; fine
⑫ 周转 (6)(动) zhōuzhuǎn: (capital) turnover
⑬ 躲 (5)(动) duǒ: to hide (oneself); to avoid
⑭ 亏本 (6)(动) kuīběn: lose money; suffer a deficit

⑮ 补贴 (6)(名) bǔtiē: subsidy; allowance
⑯ 进价 (中)(名) jìnjià: purchasing price

低他们的风险。商家们一听欣喜若狂⑰,他们觉得格力太理解自己的困难,太有"义气⑱"了!可是这么一来,格力要拿出上亿元的资金,几乎相当于集团一年的利润。有人说,"返利补贴"的成本实在太大,可朱江洪认为,这么做很值得。虽然集团少了一点利润,但商家对我们更支持,也更有信心帮助我们一起做好"格力"这个品牌。

正如朱江洪所预料⑲的那样,第二年,格力的经销商数量大幅⑳增加,许多原本销售其他品牌空调的商家也纷纷改来格力进货。格力靠着返利政策,从困境中发现了机会,实现了突破,奠定了自己在空调行业"老大"的地位。今天,"返利补贴"模式被众多空调厂家模仿,成为一种有中国特色的空调销售模式。

⑰ 欣喜若狂 xīnxǐruòkuáng: be mad with joy
⑱ 义气(名) yìqi: code of brotherhood; personal loyalty
⑲ 预料(6)(动) yùliào: to expect; to predict
⑳ 幅(5)(名) fú: range; scope; extent

(资料来源:《格力前掌门详解"格力模式之一":首创"返利",救人救己》,搜狐财经 2017—07—24,有删改)

一、选择 Choose the correct answers

1. 根据课文,20世纪90年代初的空调市场是怎样的? (   )

A. 只有格力等不多的品牌,做生意很容易。

B. 空调厂家像农民一样辛苦。

C. 普通家庭还是觉得空调太贵,购买者不多。

D. 空调销售员希望看见大家热死。

2. 第二段中"压箱底"的钱最可能是什么意思? （   ）

A. 放在箱子最上面的钱

B. 被压在别的东西下面的钱

C. 形容很多的钱

D. 形容一个家庭存起来、很重视的钱

3. 下面哪一条不是朱江洪决定"返利补贴"的原因? （   ）

A. 经销商不合作,常常"黑着脸"。

B. 1996年夏天的气候给空调销售带来了很大的困难。

C. 很多经销商的资金出现了周转问题。

D. 格力希望帮助经销商,大家一起努力,做好品牌。

4. "返利补贴"政策给格力带来的好处,不包括下面哪一条?

（   ）

A. 商家更信任、更支持格力。

B. 更多的商家来格力进货。

C. 格力每台空调都获得了更高的利润。

D. 格力在行业的地位越来越高。

二、谈一谈 Discussion

1. 如今,"返利补贴"已经成为销售领域一个较为普遍的模式。请你查阅资料,找一个"返利补贴"的典型（diǎnxíng, representative）例子,清楚说明它的运用规则（guīzé, rules）与营销结果。

2. 加入WTO以后,面对国际同行（tóngháng, peer）的竞争,中国企业积极发展,努力寻找出路。在本单元里,海尔靠着质量与技术成功地走了出去,格力则在专业化道路与营销模式上取得了不错的成绩。请你查阅资料,了解其他中国著名制造企业的发展战略与成功模式,并与你的同学分享。

第四单元
红红火火的日常消费

第七讲　海底捞：顾客就是上帝

🌸 热身　Warm-up

1. 在中国,你最常去的饭店是哪家？为什么喜欢那家餐厅,是因为味道、环境、价格还是服务？
2. 如果你是餐厅的服务员,你会为顾客提供哪些贴心（tiēxīn, thoughtful；caring）的服务？
3. 对于"顾客就是上帝""顾客永远是对的"这些话,你怎么看？

🌸 公司简介　Company Profile

海底捞公司成立于1994年,全称①为四川海底捞餐饮股份有限公司②,是一家以经营川味火锅为主、融汇③各地火锅特色的品牌火锅店。

海底捞从一个不知名的小火锅店起步,历经市场和顾客的检验④,以创新的特色服务赢得

① 全称(名) quánchēng：full name
② 股份有限公司 gǔfèn yǒuxiàn gōngsī：limited-liability company；stock corporation
③ 融汇(动) rónghuì：integrate；fusion as one

④ 检验(6)(动) jiǎnyàn：checkout；to test

了"五星级"火锅店的美名。经过二十年艰苦⑤创业⑥，海底捞逐步发展成为今天拥有近2万名员工、117家直营店⑦、四个大型物流配送⑧基地和一个底料⑨生产基地的大型跨⑩省直营餐饮企业。2008年至2012年餐厅连续5年荣获⑪大众点评网专"最受欢迎十佳火锅店"称号。2011年5月27日"海底捞"商标⑫荣获"中国驰名⑬商标"。

⑤ 艰苦(5)(形) jiānkǔ：hard；tough
⑥ 创业(6)(动) chuàngyè：establish a business
⑦ 直营店(高)(名) zhíyíngdiàn：wholly owned store；direct sale store
⑧ 配送(高)(动) pèisòng：to delivery；to distribute
⑨ 底料(名) dǐliào：hotpot soup base
⑩ 跨(6)(动) kuà：to cross
⑪ 荣获(中)(动) rónghuò：have the honor to get or win
专 大众点评网 dàzhòng diǎnpíng wǎng：Dazhong Dianping, the most popular review and rating app in China which helps find local restaurants, shops and business.
⑫ 商标(6)(名) shāngbiāo：trademark
⑬ 驰名(中)(形) chímíng：well-known；famous

回答问题　Answer the following questions：

1. 在海底捞，只能吃到四川口味的火锅，对吗？
2. 起步的时候，海底捞有名吗？它是靠什么发展起来的？
3. 课文里的"五星级"火锅店，可能是什么意思？
4. 根据课文，海底捞可以外卖吗？
5. 海底捞的底料来自哪里？
6. 海底捞获得了哪些荣誉(róngyù, honor)？

主课文　Main Text

在增值体验中赢得口碑

推开门，迎面就是一张张灿烂的笑脸，服务员上前把你领到一处空位，端来免费的饮料和水果。屋子里还有好多人，有围在一起下棋打牌的,有坐在那里谈天说地的,还有围着美甲师等待美甲的漂亮女孩们,一切都让你觉得这是一个休闲娱乐的地方,但这仅仅是一家火锅店。

服务员们对待客人像是对待自家人一样亲切,如果你是开车来的,还未到大门,远远地就会有服务员小跑着上来亲切地引路,绝不会等顾客走到面前再打招呼,更不会冷冰冰地面无表情。如果需要,服务员可以替顾客泊车,在中午时,还可以提供免费的擦车服务。

在海底捞的任何一家店里,你都可以免费享受到除了用餐以外的这些服务:美甲、擦鞋、K歌、上网、擦车、水果饮料……很多消费者特意来到海底捞,甚至不惜等上两个小时,就为体验一下在"五星火锅店"里用餐的感受。

现在,火锅店已随处可见,面对日益同质化的竞争,经营者开动脑筋,推出一些别具一格的服务项目。丰富的餐前服务消除了消费者等候就餐的烦躁,这些服务不但吸引了客源,带给人们用餐以外的惊喜,还使消费者觉得物超所值。在增值服务的帮助下,海底捞在同类火锅店中出类拔萃,为餐饮业服务模式开辟了一条新思路。

(资料来源:《中国联合商报》2007—12—17 第024版,作者:唐媛媛,有删改)

生词 New Words

序号	生词	拼音	词性	英语释义	例句
1.	增值	zēngzhí	动高	added value	如果你在我们这里买手机,我公司还会提供每月送话费等增值服务。

续表

序号	生词	拼音	词性	英语释义	例句
2.	体验	tǐyàn	名/动5	experience	寒假我不回家,我想好好体验一下中国人是怎么过春节的。
3.	口碑	kǒubēi	名高	public praise	用户的口碑是最好的品牌广告。
4.	灿烂	cànlàn	形6	splendid; bright	看到她灿烂的笑容,我就放心了。
5.	端	duān	动6	hold sth. level with both hands	服务员端来一大碗汤。
6.	棋	qí	名5	chess or any board game	爸爸的爱好是下棋。
7.	美甲	měijiǎ	名/动	nail beauty	这位美甲师的技术很不错。
8.	引	yǐn	动6	to lead; to guide	谢谢你为我引路。
9.	泊车	bóchē	动6	to park (car)	我们酒店提供代客泊车的服务。
10.	不惜	bùxī	动6	not stint; not spare	华为公司不惜投入重金,研发新产品、新技术。
11.	日益	rìyì	副6	day by day; increasingly	随着生活水平的提高,人们对高质量产品的需求日益增加。
12.	同质化	tóngzhìhuà	名高	homogenization	同一大类中的产品越来越相似,这是一种同质化现象。
13.	脑筋	nǎojīn	名6	brains; mind	这个问题不太难,你动脑筋好好想一想。
14.	别具一格	biéjùyìgé		having a unique style	这条裙子的设计别具一格,让人眼前一亮。
15.	消除	xiāochú	动6	to eliminate; to remove	去卡拉OK唱歌能帮助我消除压力。
16.	烦躁	fánzào	形	be agitated	晚上12点,楼上的小孩儿还在跑来跑去,让我睡不着,真烦躁!

续表

序号	生词	拼音	词性	英语释义	例句
17.	物超所值	wùchāosuǒzhí		worth more than the price	这杯果汁有营养又好喝,还能帮助减肥。只要10元钱,真是物超所值!
18.	出类拔萃	chūlèibácuì		be distinguished from one's kind	每次考试都是A,他的成绩在全班出类拔萃。
19.	开辟	kāipì	动	open up	新来的总经理要带领我们开辟海外市场。

判断对错 True or False

1. 海底捞的服务员会陪你下棋打牌,还会给你美甲。（　）
2. 在海底捞,K歌、泊车、擦车等服务都是免费的。（　）
3. 很多顾客来海底捞,就是因为他们的服务好。（　）
4. 因为是"五星火锅店",来海底捞吃饭必须要等两个小时。（　）
5. 现在在中国,火锅店的竞争很激烈。（　）
6. 海底捞提供的增值服务使消费者心情变好,觉得自己的钱花得很值得。（　）

语言点 Language Points

1. 还未(没)……,就……

原文:如果你是开车来的,还未到大门,远远地就会有服务员小跑着上来亲切地引路。

说明:还未/没(A),就(B):B比A早出现,早发生。

一般来说应该A先发生,再有B;但是现在B出现得早了、提前了。

例句：

苹果手机还未正式开始销售，前一天晚上就已经有人在店门口排起了长队。

还没走近宿舍，远远地就听见学生们的谈笑声。

练一练：

还没到圣诞节，马路上就已经_____，很有节日气氛。

还没到暑假，学生们就_____。

2. 不惜……，也……

原文：很多消费者特意来到海底捞，甚至<u>不惜</u>等上两个小时，<u>也</u>要体验一下在"五星火锅店"里用餐的感受。

说明：即使有一些损失(sǔnshī, loss)，也一定要做某事。

例句：

他不惜熬夜加班不睡觉，也要按时完成这个项目。

海尔不惜砸了冰箱，也要让员工明白产品质量的重要性。

练一练：

父母不惜_____，也要送孩子去国外留学。

公司不惜投入大量资金，也要_____。

综合练习 Comprehensive Exercises

一、选词填空 Fill in the blanks with the most proper words.

> 别具一格　检验　开辟　灿烂　口碑
> 全称　烦躁　荣获　消除　物超所值

1. APEC 会议的_____是 Asia-Pacific Economic Cooperation。
2. 这款车外观设计与众不同，_____。
3. 请你给我们介绍一家在附近受欢迎，_____较好的餐厅。
4. 严格_____商品质量，即使有一点不合格的也不能出厂。
5. 那家餐厅的服务员都有着_____的笑容和亲切的态度。
6. 只要买这张 CD，就可以免费获得歌星的演唱会门票，真是_____。
7. 新加坡连续 25 年_____"亚洲最佳会议城市"。
8. "互联网+"为中小型创业者_____了一条新的创业之路。
9. 这个汉字我明明学过，怎么就是想不起来发音呢，真_____！
10. 他说明了事情的真相，_____大家的误会（wùhuì, misunderstanding）。

二、**句型练习** Follow the given sentence pattern and complete the sentences.

1. 在海底捞的<u>任何</u>一家店里，你都可以免费享受到除了用餐以外的这些服务。
   任何_____,都可以来我们公司面试。
   公司在做任何重大决定以前,都_____。
2. 面对日益同质化的竞争，经营者开动脑筋，推出一些别具一格的服务项目。
   面对越来越近的期末考试，我_____。
   面对消费者日益变高的要求，我们_____。
3. <u>在增值服务的帮助下</u>，海底捞在同类火锅店中出类拔萃。
   在_____的帮助下，格力在中国家电生产企业中出类拔萃。

在_____的帮助下,公司顺利完成了今年的目标,销售额同比增长8%。

三、成段表达 Communicate in short paragraphs using the given words.

1. 在海底捞等位时,你可以享受哪些免费服务?(下棋、谈天说地、美甲、擦车)
2. 海底捞的服务员是怎样对待顾客的?(引、冷冰冰、打招呼、泊车)
3. 根据课文,丰富的增值服务能给餐厅带来什么好处?(消除、吸引、物超所值、出类拔萃)

副课文 Supplementary Reading

让顾客真正成为"上帝"

今年央视"3·15"晚会的主题为"让消费更有尊严①"。

消费和尊严能够产生联系,是因为在市场经济中,消费不仅仅是简单的商品买卖过程,也是一种复杂的心理活动。在消费过程中,人们不但要买到自己喜欢的商品,而且要获得一些满足感和快乐。

如今的中国,"顾客就是上帝"喊了好多年,然而,在日常生活中,这样的事情多少还会

专·央视 yāngshì:abbreviation of CCTV, China Central Television.
专·3·15 sānyāowǔ:the Consumers' Rights day in China
① 尊严(6)(名) zūnyán:dignity;honour

遇到一些：买车，要提前交钱，如果你表示要马上提车，4S店就暗示②"多加点钱会快一点"；买家具，有色差③，打电话给商家，却被指"不懂艺术""没有品位④"；买衣服，一些名牌专卖店⑤内部规定"买了才能试"，摆⑥出一副"没钱就别进来"的架势⑦……

渐渐地，一些消费者有了这样的感受：消费就是花钱买气受。事实上，近年来，一些商家在服务方面的问题着实⑧不少。在消费过程中，消费者得到的不是满足和快乐，而是屈辱⑨和愤怒⑩。让消费更有尊严，是个不可回避⑪的话题。

让消费更有尊严，要创造一个让消费者敢于维权⑫、便于维权的良好环境。调查显示，当消费者的合法权益⑬受到侵害⑭时，高达三分之二的消费者选择"忍气吞声"，很少有人会用法律的手段维护⑮自己的合法权益。出现这种情况，一方面因为消费者的维权成本过高，费时费力费钱，得不偿失⑯；另一方面，经营

② 暗示⁽⁶⁾⁽动⁾ ànshì：drop a hint
③ 色差⁽名⁾ sèchā：chromatic aberration；color aberration
④ 品味⁽高⁾⁽名⁾ pǐnwèi：taste
⑤ 专卖店⁽中⁾⁽名⁾ huānmàidiàn：specialty store
⑥ 摆⁽⁵⁾⁽动⁾ bǎi：to put；to display
⑦ 架势⁽名⁾ jiàshi：posture；stance

⑧ 着实⁽副⁾ zhuóshí：really；indeed

⑨ 屈辱⁽名⁾ qūrǔ：humiliation；shame
⑩ 愤怒⁽⁵⁾⁽形⁾ fènnù：indignation；anger；range
⑪ 回避⁽⁶⁾⁽动⁾ huíbì：to avoid

⑫ 维权⁽高⁾⁽动⁾ wéiquán：safeguard legal rights
⑬ 权益⁽⁶⁾⁽名⁾ quányì：rights and interests
⑭ 侵害⁽中⁾ qīnhài：to violate；encroach on
⑮ 维护⁽⁵⁾⁽动⁾ wéihù：to maintain；to assert

⑯ 得不偿失 débùchángshī：the loss outweighs the gain

者的违法⑰违规成本太低,简简单单做了坏事,得到的惩罚⑱却不那么重。一高一低,沉默⑲便成为众多消费者的"理性"选择。和经营者相比,无论在议价⑳能力、资金实力还是信息和专业知识掌握程度方面,消费者都没有优势。个人消费者无力也无法改变这种状况,只能希望有关部门完善法律、制度㉑。在消费者的权益受到侵害时,有关部门做到有法可依㉒、有法必依、严格执法㉓,消费才能更有尊严。

⑰ 违法 (5)(动) wéifǎ: break the law
⑱ 惩罚 (6)(名) chéngfá: punishment
⑲ 沉默 (5)(动/形) chénmò: be silent
⑳ 议价 (高)(动) yìjià: negotiate a price; to bargain
㉑ 制度 (5)(名) zhìdù: system; institution
㉒ 依 (6)(动) yī: rely on; depend on
㉓ 执法 (高)(动) zhífǎ: enforce the law

(资料来源:《东方烟草报》,2014—03—18 第 001 版。作者:鞠训科,有删改)

一、选择　Choose the correct answers

1. 消费为什么能和尊严产生联系？　　　　　　　　　(　)

    A. 只要消费了就能得到尊严。

    B. 人们通过消费不但买到商品,而且获得满足。

    C. 花钱越多越有尊严。

    D. 消费代表自己有赚钱能力。

2. 下面哪一项不符合目前中国日常消费的情况？　　　(　)

    A. "顾客就是上帝"的口号喊了好多年。

    B. 一些商家在服务方面还是有很多的问题。

    C. 每位消费者都能得到足够的尊重。

    D. 有时候消费不但花钱了,还"买了气受"。

3. 第五段中"忍气吞声"的意思，最可能是什么？（   ）
   A. 忍着不生气，不说出来
   B. 生气，忍不了
   C. 用法律的手段保护自己
   D. 发声维权
4. 消费者在合法权益受到侵害时，常常选择"忍气吞声"，下面哪一项不是其原因？（   ）
   A. 维权成本过高，不划算。
   B. 议价能力和资金实力方面没有优势。
   C. 专业知识不如商家丰富。
   D. 经营者违法违规，会受到很重的惩罚。
5. 作者认为，如何从根本上解决消费者难以维权的问题？
   （   ）
   A. 有关部门完善政策、严格执法。
   B. 消费者更勇敢地维护自己的权益。
   C. 经营者真心地把顾客当作"上帝"来对待。
   D. 有关部门对消费和尊严的关系多加宣传。

二、谈一谈　Discussion

1. 你在中国的购物体验如何？有没有一些令你印象深刻的愉快经验或不好的购物回忆？请你和大家分享一下。
2. 请你查阅资料，了解一下作为消费者，如果觉得自己的合法权益受到侵害，有哪些方法、途径（tújìng, approach）可以依法维权？
3. 在你的国家，有没有"消费者权益保护日"？有哪些保护消费者合法权益的法律、政策和规定可以供中国借鉴（jièjiàn, use for reference）？

第八讲　新东方："中国合伙人"开办的最火学校

热身　Warm-up

1. 你看过电影《中国合伙人》吗？如果看过，能简单地介绍一下电影说了一个怎样的故事吗？
2. 你知道中国最大的英语培训学校叫什么名字吗？你还了解哪些以外语教育为主业的培训机构？
3. 如果你要选择一家校外机构学习汉语，你会考虑哪些方面的因素（yīnsù, factor）？老师的教学水平、学校的环境、收费还是其他？

公司简介　Company Profile

新东方教育科技集团，电影《中国合伙人》*中"新梦想公司"的原型①，由 1993 年 11 月 16 日成立的北京新东方学校发展壮大②而来。目前集团以语言培训为核心，拥有短期语言培

* 中国合伙人 zhōngguó héhuǒrén: *American dreams in China*，a 2013 Chinese film telling the story of three friends who build a successful English language school in China called "New Dream".
① 原型 (名) yuánxíng: prototype
② 壮大 (中)(动) zhuàngdà: to grow; to prosper

训、职业教育、基础教育、文化传播、科技产业、咨询③服务、发展研究等多个系统性平台,并取得了骄人④的成绩,是一家集教育培训、教育产品研发、教育服务等于一体⑤的大型综合性教育科技集团。

集团于 2006 年 9 月 7 日在纽交所*成功上市,成为中国第一家海外上市的教育机构。截至 2014 年 5 月 31 日,新东方已经在全国 50 座城市设立了 56 所学校、31 家书店以及 703 家学习中心。自成立以来,新东方累计⑥面授⑦学员近 2 000 万人次⑧。新东方在 2010 年"中国品牌 500 强"排行榜⑨中名列第 94 位,品牌价值达 64.23 亿元。

③ 咨询(5)(动) zīxún: to consult

④ 骄人(形) jiāorén: impressive; proud

⑤ 集……于一体 jí…yúyìtǐ: integrate into/with; set in one

* 纽交所 niǔjiāosuǒ: New York Stock Exchange (NYSE)

⑥ 累计(中)(动) lěijì: add up to
⑦ 面授(动) miànshòu: teach face to face
⑧ 人次(中)(量) réncì: person-time
⑨ 排行榜(中)(名) páihángbǎng: ranking list; chart

回答问题　Answer the following questions:

1. 新东方集团最早是怎样的机构?
2. 新东方集团最主要的业务是什么?
3. 现在除了语言培训,新东方还有哪些业务?
4. 在中国的教育机构中,新东方是第一家做到什么的?
5. 一共有 2 000 万名学生在新东方学习过,对吗?
6. 新东方在中国品牌中的地位如何?

主课文 Main Text

教育产品的做强与做大
——新东方CEO周成刚演讲摘录

一、做教育必须有规律、激情和责任

中国的教育市场有几万个亿,每个人都想进来分一杯羹,有些互联网公司投资教育不是为了做教育,而是为了到这个领域来赚钱,这样的负责人就没有长远的目标。而俞敏洪,二十几年只做一件事,就是在教育行业里面做一些探索,通过教育去影响更多的人,他未来也不会改变对教育的坚持。专注才会专业,才能找到领域内的真正规律,才能用发自内心的激情和责任来做好教育。

二、用拳头产品延伸,先做强,再做大

世界在不断地发生变化,到处都是竞争,到处都是创新,一不小心就会落伍,谁都不敢放松。做强就是在变化中寻找规律,积累经验,获得自己对行业的深刻理解,在此基础上做出一种发展的、可复制的模式,没有可复制的模式你根本不可能开辟新空间。所以,先要在拳头产品上做强,然后延伸出去做大。

三、清晰的目标和优秀的团队

赢得市场的核心,在于目标和团队。方向和目标是领导的责任,人才和团队是发展的保障。越是优秀的人才,越有个性,当他自己能够飞翔的时候,他就会毫不犹豫地选择单飞。因此对管理者来说,人才成长的同时,你自己更要成长进步。因为当你的眼光、思想不足以帮他走得更远时,他终究会放弃你。管理者应该把思考的重任留给自己,把利益留给团队,努力做到"指引目标、共享利益"。

（资料来源：《新东方CEO周成刚：走过24年，新东方总结的教育培训行业四大规律》，搜狐教育2017—04—13，有删改）

生词 New Words

序号	生词	拼音	词性	英语释义	例句
1.	摘录	zhāilù	动	excerpt; make extract	我有个习惯，看书时发现好的句子，都会摘录下来，写在本子里。
2.	规律	guīlǜ	名5	rule	太阳每天从东边升起，从西边落下，是大自然的规律。
3.	激情	jīqíng	名6	passion	他的演讲充满激情。
4.	分一杯羹	fēn yìbēi gēng		have a finger in the pie; take a share of the profits	各大公司都想加入移动网络市场，分一杯羹。
5.	拳头产品	quántou chǎnpǐn	名中	"fist" product; key product	拳头产品就是一家公司最有名、质量最好、最关键的产品。
6.	延伸	yánshēn	动6	to extend; to stretch	这座山从福建省一直延伸到江西省内。
7.	落伍	luòwǔ	形	fall behind; drop out	你的这些登山装备早已落伍。
8.	复制	fùzhì	动5	to copy	请大家自己写文章，不要复制网上的句子。
9.	清晰	qīngxī	形6	clear; distinct	戴上新眼镜以后，看东西清晰多了。
10.	个性	gèxìng	名5	specific character; individuality	这孩子个性很强，想法与别人不同。
11.	飞翔	fēixiáng	动6	to fly; to soar; to hover	一只鸟飞翔（单飞）不会太远，团队的努力才更持久。
12.	犹豫	yóuyù	形5	hesitate	他犹豫了一下，问能不能坐在这儿。

101

续表

序号	生词	拼音	词性	英语释义	例　　句
13.	终究	zhōngjiū	副[6]	eventually; in the end	他虽然努力了很久,终究还是失败了。
14.	利益	lìyì	名[5]	benefit; profit	成功的生意人,知道怎么从产品中获得最大的利益。
15.	指引	zhǐyǐn	动[高]	to guide; to lead	指引孩子的人生道路,是父母的责任。

专有名词　Proper Nouns

周成刚	Zhōu Chénggāng	name of a person, CEO of New Oriental School
俞敏洪	Yú Mǐnhóng	name of a person, founder of New Oriental School

判断对错　True or False

1. 所有的公司都是想来教育行业赚钱的,对教育并没有"坚持"和"理想"。　　　　　　　　　　　　　　　　　　(　　)
2. 根据课文,只有对一件事情投入很多的时间和精力,才能做得专业,找到规律。　　　　　　　　　　　　　　(　　)
3. 有了可复制的模式,才能开辟新的市场。　　　　(　　)
4. 课文里说,优秀的人才容易单飞,所以管理者应该严格管理他们。　　　　　　　　　　　　　　　　　　　　(　　)
5. 人才和团队成长就够了,管理者不用自我发展、自我提高。　　　　　　　　　　　　　　　　　　　　　　(　　)
6. 管理者自己要多思考,找到清晰的发展目标。　　(　　)

第四单元　红红火火的日常消费

语言点　Language Points

1. ……，在于……

原文：赢得市场的核心，<u>在于</u>目标和团队。

说明："在于"的后面是最重要、最核心的内容。

例句：

几次考试都不通过，问题在于你的学习态度。

中国发展的关键，在于改革开放。

一年之计在于春。

练一练：

人和动物的根本区别，在于＿＿＿＿＿＿＿＿＿＿＿＿＿＿＿。

生活的意义，在于＿＿＿＿＿＿＿＿＿＿＿＿＿＿＿＿＿＿。

2. 终究

原文：当你的眼光、思想不足以帮他走得更远时，他<u>终究</u>会放弃你。

说明：最后、最终，后面常常是不好的结果。

例句：

人终究会长大、会变老。

你这样不看交通灯，随意过马路，终究会出事故。

练一练：

再好的电脑，用的时间久了，终究＿＿＿＿＿＿＿＿＿＿＿＿。

虽然我们队尽了最大的努力，终究＿＿＿＿＿＿＿＿＿＿＿＿。

3. 越……，越……

原文：<u>越</u>是优秀的人才，<u>越</u>有个性。

说明：越（A），越（B）：B 随着 A 的改变而改变。

例句：

离六月越近，天气越热。

越是大的公司，越应该有社会责任感。

练一练：

越学习汉语，越_____。

年纪越大，越_____。

综合练习 Comprehensive Exercises

一、选词填空　Fill in the blanks with the most proper words.

> 咨询　排行榜　规律　终究　摘录
> 清晰　累计　分一杯羹　壮　面授

1. 去年，共享单车市场发展迅速，突然出现了几十家差不多的公司，都想来_____。
2. 1978年至2015年，中国_____送出留学生405万人次。
3. 刚推出一天，这首歌就在美国的Billboard_____中排名第一。
4. 我有一本小本子，专门_____我觉得很有道理的名人名言。
5. 公司不断_____，从5个人发展到了今天200个人的规模。
6. 生老病死，这是每个人都无法改变的自然_____。
7. 虽然网上授课很方便，但我还是觉得_____的效果更好。
8. 遇到法律问题，当然应该向专业的律师_____意见。
9. 那位英语老师的发音很_____，学生都说容易听懂。
10. 他们虽然很爱对方，但是离得太远，_____还是分手了。

二、句型练习　Follow the given sentence pattern and complete the sentences.

1. 新东方是一家<u>集</u>教育培训、教育产品研发、教育服务等<u>于</u>一体的综合性教育集团。

   新开的"一站式"商场集＿＿＿＿＿＿＿＿＿＿＿＿于一体，想做什么都可以，非常方便。

2. 有些互联网公司投资教育<u>不是</u>为了做教育，<u>而是</u>为了到这个领域来赚钱。

   有些人买房子，不是为了住，而是＿＿＿＿＿＿＿＿＿＿＿＿＿＿。

   很多人整天拿着手机，不是＿＿＿＿＿＿＿＿＿＿＿＿，而是在玩游戏。

三、成段表达　Communicate in short paragraphs using the given words.

1. 用自己的话说一说，"俞敏洪二十几年只做一件事"，他做了什么事，为什么做？（探索、坚持、专注、激情）
2. 怎样才能把公司"做强"？（拳头产品、复制、开辟、延伸）
3. 优秀的人才都有什么特点？怎样才能吸引优秀的人才，组成优秀的团队？（个性、飞翔、放弃、指引）

副课文　Supplementary Reading

新东方怎样留住人才？

首先，对于工作，现在的年轻人，特别是"90后"，一句话不顺耳①就会对抗②；觉得心理愉悦③了，就愿意干。愉悦就是让

① 顺耳 ⁽形⁾ shùn'ěr: pleasing to the ear
② 对抗 ⁽动⁾ duìkàng: to resist; to withstand
③ 愉悦 ⁽形⁾ yúyuè: joyful; delighted

他感觉到这个文化环境是健康的,是公正、公平、公开的,愉悦就是让他感觉到这个地方"英雄④不问出处,努力就有回报⑤"。员工的愉悦感和公司文化有着紧密⑥的关系,而令员工愉悦感强的公司文化,只能靠领导者和公司上下一起长期努力才会形成。

另外,薪资⑦收入方面,光给钱还不够,给的钱必须是在行业里面具有竞争力的,尤其是对有水平的人才。怎么样留住优秀的人才?给那些优秀者的工资至少要具有"25%+"的竞争力,人家给100元,你要给他125元。一方面,优秀人才得到了经济和心理上的双份愉悦;另一方面,他们稍加努力,公司得到的回报就会比多付出的这点钱多几倍,可以说是"双赢"啊!

精神和物质的都不能少,但是,这两方面都愉快了,也只是满足了眼前的需要,只是暂时的满足。要让公司和人才都能得到长远的发展,我们不仅要有上面说过的两点,我们还要有"诗和远方",我们还要有前景和未

④ 英雄(5)(名) yīngxióng: hero
⑤ 回报(6)(动) huíbào: pay back
⑥ 紧密(6)(形) jǐnmì: close; inseparable

⑦ 薪资(高)(名) xīnzī: salary; pay

来,这就是发展的平台、机会和可以预见⑧的成就⑨。有对未来的期待⑩,各种人才就会更长久地在公司做下去。所以,领导者应当在今天赢得"眼前"的成功之后,有能力为员工描绘⑪出下一个清晰的目标是什么。

我们不断问自己,到今天走了24年,新东方走得也很艰难、很累,我们的最终目标到底在哪儿?现在,我可以说,新东方的目标是要成为真正优秀的教育企业,通过自己的行为去影响千千万万的中国学生,让中国的学生走向世界,在未来有更大的担当⑫,这是我们的梦想。我们希望通过公司文化留住人才,通过有竞争力的收入留住人才,更希望通过实现自我价值的梦想留住人才。未来,随着人才个体和公司整体的成长,新东方的理想将变得越来越丰满⑬。

⑧ 预见(高)(动) yùjiàn: to predict; to forsee
⑨ 成就(5)(名) chéngjiù: achievement; accomplishment
⑩ 期待(5)(动) qīdài: to expect; look forward to
⑪ 描绘(6)(动) miáohuì: to describe

⑫ 担当(动) dāndāng: take on; to undertake

⑬ 丰满(6)(形) fēngmǎn: full-grown, well-developed

(资料来源:《新东方CEO周成刚:走过24年,新东方总结的教育培训行业四大规律》,搜狐教育 2017—04—13,有删改)

一、选择 Choose the correct answers

1. 根据课文,以下哪一个不是让员工心理愉悦的方法?(   )

A. 创造一个健康的工作、文化环境

B. 创造一个公正、公平、公开的工作环境

C. 让员工成为英雄

D. 让员工知道，努力就会有回报

2. 作者认为，应该给优秀员工多少薪资？　　　　　（　）

　　A. 100元　　　　　　　B. 125元

　　C. 比别的公司多25元　　D. 比别的公司多25%

3. 第二段的"双赢"，指的是什么？　　　　　　　（　）

　　A. 优秀员工和公司都获得了利益。

　　B. 员工多拿了公司的利益。

　　C. 公司多拿了员工的利益。

　　D. 优秀员工获得了双倍的薪资。

4. 第三段的"诗和远方"，最可能是什么意思？　　（　）

　　A. 暂时的满足　　　　　B. 美好的发展前景

　　C. 眼前的成功　　　　　D. 物质的愉悦

5. 下面哪一项不是新东方希望留住人才的方法？　（　）

　　A. 公司文化　　　　　　B. 有竞争力的收入

　　C. 让员工实现自我价值　D. 招聘更多世界性人才

二、谈一谈　Discussion

1. 课文中提到了很多留住优秀人才的办法，你同意吗？如果你是老板或公司的管理人员，你还会用什么方法吸引人才，让他们长久地为你工作？

2. "新东方"现在是中国最有名的英语培训机构之一，其特色的授课技巧与策略在学生中广受欢迎。请你查阅资料，了解一下新东方英语教学的秘诀（mìjué, secret of success），并谈谈你对这些授课策略的看法。

3. **创业计划**：如果有一天，你有机会在自己的国家开设一家汉语学校，你会怎么做？请你制作一份计划书，具体谈谈你的资金预算、选址、学校特色与招生、宣传策略等。

第五单元
新世纪的『一带一路』

第九讲 "一带一路"的前世今生

热身 Warm-up

1. 你听说过"丝绸之路"吗?"丝绸之路"共有几条?它们从哪里开始,到哪里结束,又是怎样发展起来的?"丝绸之路"是否经过你的国家?

2. 你知道 21 世纪的"一带一路"吗?它是什么时候,在什么背景下,由谁提出的?"一带一路"和"丝绸之路"有着怎样的关系?

背景简介 Background introduction

"一带一路"(The Belt and Road)是"丝绸之路经济带①"和"21 世纪海上丝绸之路"的简称②。

2000 多年前,亚欧大陆③上勤劳④勇敢的人民,探索出多条连接亚欧非几大文明的贸易和人文交流通路,后人将其统称⑤

① 经济带⁽名⁾ jīngjìdài: economic belt

② 简称⁽中⁾⁽名⁾ jiǎnchēng: abbreviation

③ 大陆⁽初⁾⁽名⁾ dàlù: continent; mainland

④ 勤劳⁽5⁾⁽形⁾ qínláo: industrious; diligent; hard work

⑤ 统称⁽高⁾⁽动⁾ tǒngchēng: be collectively called

为"丝绸之路"。

　　2013年9月和10月,中国国家主席⑥习近平ᵂ在出访中亚和东南亚国家期间⑦,先后提出共建"丝绸之路经济带"和"21世纪海上丝绸之路"的重大倡议⑧。

　　共建"一带一路"致力于亚欧非大陆及附近海洋的互联互通,建立和加强沿线⑨各国互联互通伙伴⑩关系,构建全方位、多层次、复合⑪型的互联互通网络,实现沿线各国多元⑫、自主、平衡⑬、可持续的发展。

⑥ 主席⁽⁵⁾⁽名⁾ zhǔxí：chairman
ᵂ 习近平 Xí Jìnpíng：general secretary of the Central Committee of the Communist Party of China（CPC）and Chinese president
⑦ 期间⁽⁵⁾⁽名⁾ qījiān：period; term
⑧ 倡议⁽⁶⁾⁽名⁾ chàngyì：initiative

⑨ 沿线⁽高⁾⁽名⁾ yánxiàn：along the line
⑩ 伙伴⁽⁵⁾⁽名⁾ huǒbàn：partner; companion
⑪ 复合⁽中⁾⁽动⁾ fùhé：compound; complex; mixed
⑫ 多元⁽⁶⁾⁽形⁾ duōyuán：diversified
⑬ 平衡⁽⁵⁾⁽形⁾ pínghéng：balance

回答问题　Answer the following questions：

1. "一带一路"的全称是什么?
2. 2 000多年前的丝绸之路主要有什么作用?连接哪些地区?
3. "一带一路"倡议是由谁、在什么时候提出的?
4. 共建"一带一路"的目的是什么?
5. "一带一路"的建设对沿线各国的发展有什么帮助?

主课文　Main Text

中尼跨境互联网光缆正式开通

　　2018年1月12日,中国电信集团公司与尼泊尔电信公司在尼泊尔首都加德满都举行两国跨境光缆开通仪式,标志着尼泊尔正式通过中国的线路接入互联网。对此,尼泊尔信息和通信部部长莫汉·巴斯内特表示,开通尼中跨境光缆是尼泊尔互联网基础设施发展的一个里程碑。

以前,加德满都宾馆里,无线互联网信号还比较稳定。走到街上,手机网络信号时好时坏。出了加德满都,网络信号就基本收不到了。美国网速测试网站"Ookla"日前公布了2017年最后一个季度的"全球网速测试结果",尼泊尔在129个国家中排名第89位。跨境光缆的开通将帮助尼泊尔网络实现全面提速并向多地区覆盖。

中尼边境地形条件恶劣,修建光缆难度可想而知,修建过程非常艰难。中国电信在平均海拔4 000米高的山地上共新建光缆820千米,施工过程中克服了每年6个月大雪封山无法施工、雨季经常发生泥石流等困难。从正式开工算起,历时三年半,最终实现建成开通。

中国驻尼泊尔大使于红说,中尼光缆的开通,不但会为尼泊尔经济发展提供支持,而且将进一步拉近中尼两国人民的距离,极大促进两国经贸发展,为中尼两国间共建"一带一路"提供了成功的样本。

(资料来源:《中尼跨境互联网光缆正式开通 为两国共建"一带一路"提供成功样本》,中国一带一路网 2018—01—15,有删改)

生词 New Words

序号	生词	拼音	词性	英语释义	例句
1.	跨境	kuàjìng	动	cross border	近年来,跨境投资发展迅速。
2.	光缆	guānglǎn	名	optical cable	听说光缆接通以后,网络速度可以提高50%。
3.	仪式	yíshì	名	ceremony	姐姐会来参加我的毕业仪式。
4.	标志	biāozhì	动	to indicate; to symbolize	北京奥运会的成功举办,标志着中国的经济实力已经达到了较高的水平。
5.	基础设施	jīchǔshèshī	名	infrastructure	中国的基础设施发展得很快。
6.	里程碑	lǐchéngbēi	名	milestone	平板电脑(iPad)的出现,是科技发展史上的一个里程碑。
7.	无线	wúxiàn	名	Wi-fi, wireless network	请问,你们这儿的无线密码是什么?
8.	信号	xìnhào	名	signal	一楼的手机信号太差了!
9.	测试	cèshì	动	to test	他们测试了新机器,一切正常。
10.	公布	gōngbù	动	to announce; to publish	考核结果将在下星期公布。
11.	地形	dìxíng	名	terrain; topography	那里地形复杂,得小心、慢慢地走进去。
12.	恶劣	èliè	形	adverse; very bad	这里每到夏天就有暴雨台风,气候恶劣。
13.	可想而知	kěxiǎng'érzhī		as you can imagine	她和恋爱八年的男朋友分手了,难过的心情可想而知。
14.	海拔	hǎibá	名	height above sea level; altitude	珠穆朗玛峰(Zhūmùlǎngmǎ fēng, the Everest)是世界最高的山峰,海拔8 844米。

续表

序号	生词	拼音	词性	英语释义	例句
15.	施工	shīgōng	动^中	be under construction	那座大楼的施工需要五个月才能完成。
16.	封	fēng	动⁶	to close; to seal	因为交通事故,那条路被封起来了。
17.	泥石流	níshíliú	名	mud-rock flow	山区发生了泥石流,来回的路都被封了。
18.	驻	zhù	动⁶	be stationed	她是中央电视台(CCTV)驻美国的记者。
19.	促进	cùjìn	动⁵	to promote; to accelerate	会议讨论了如何促进两国合作的问题。
20.	样本	yàngběn	名^高	sample	那种汽车已经成为新能源电动车的样本。

专有名词　Proper Nouns

中国电信	zhōngguó diànxìn	China Telecom, a Chinese Telecommunications company.
尼泊尔	níbó'ěr	Nepal, a landlocked country in South Asia.
加德满都	jiādémǎndū	Kathmandu, capital of Nepal
莫汉·巴斯内特	mòhàn·bāsīnèitè	name of a person
于红	Yú Hóng	name of a person

判断对错　True or False

1. 跨境光缆开通,标志着尼泊尔人民都开始使用中国的网络。

（　　）

2. 以前,只有加德满都信号好,尼泊尔别的地方信号都不好。

（　　）

117

3. 跨境光缆会让尼泊尔的网络速度大大加快。　　（　）
4. 因为地形条件差,在尼泊尔修建光缆很不容易。　（　）
5. 每年只有6个月时间可以让中国电信施工,所以跨境光缆一共花了7年的时间才造好。　　　　　　　　　　（　）
6. 中尼光缆的开通,对两国贸易的发展、两国共建"一带一路"的帮助都很大。　　　　　　　　　　　　　　（　）

语言点 Language Points

1. ……,标志着……

原文:中国电信集团公司与尼泊尔电信公司在尼泊尔首都加德满都举行两国跨境光缆开通仪式,<u>标志着</u>尼泊尔正式通过中国的线路接入互联网。

说明:……,说明/意思是……(常常是某个新变化、新成果)

例句:

4G网络的全面覆盖,标志着互联网时代的到来。

大学毕业,标志着你将进入人生的新阶段。

练一练:

海尔在美国建成了第一家海外工厂,标志着_____

_____。

_____标志着两家公司正式建立了战略合作伙伴关系。

2. 里程碑

原文:开通尼中跨境光缆是尼泊尔互联网基础设施发展的一个<u>里程碑</u>。

说明:A是B的(一个)里程碑:指A是B过程中的一个重要

事件，A 对 B 有着重要的意义。

例句：

改革开放政策的实施，是中国经济发展的一个里程碑。

这种药物的成功开发，是医学发展上的一个里程碑。

练一练：

_____是人类发展历史上的一个里程碑。

两国领导人的此次会面，是_____的一个里程碑。

综合练习 Comprehensive Exercises

一、选词填空　Fill in the blanks with the most proper words.

> 统称　施工　勤劳　促进　仪式
> 恶劣　可想而知　平衡　伙伴　地形

1. 妈妈从早忙到晚，是家里最_____的人。
2. 我们合作多年，那家公司是我们最重要的贸易_____。
3. 人们把江苏(jiāngsū)、浙江(zhèjiāng)、上海三地_____为"江浙沪"。
4. 中国的男女比例不太_____。
5. 进入_____现场，请戴好安全帽。
6. 中国的大城市里，结婚_____一般在五星级酒店举行。
7. 我从小在这儿长大，对这一带的_____非常熟悉。
8. 这次面试有3 000人参加，但只录取60人，难度_____。
9. 适当的运动可以_____身体健康。
10. 那位服务员对待顾客态度_____，经理狠狠地批评了她。

二、**句型练习** Follow the given sentence pattern and complete the sentences.

1. 中国电信在施工过程<u>中</u>克服<u>了</u>每年6个月大雪封山无法施工、雨季经常发生泥石流<u>等困难</u>。
   他在创业过程中克服了＿＿＿＿＿＿、＿＿＿＿＿＿等困难。

2. <u>从</u>正式开工<u>算起</u>,<u>历时</u>三年半,<u>最终</u>实现建成开通。
   说起我学习汉语的过程,从＿＿＿＿＿＿算起,历时＿＿＿＿＿＿,最终＿＿＿＿＿＿。

3. 中尼光缆的开通,<u>不但</u>会为尼泊尔经济发展提供支持,<u>而且</u>将进一步拉近中尼两国人民的距离,极大促进两国经贸发展,<u>为</u>中尼两国间共建"一带一路"<u>提供了</u>成功<u>的</u>样本。
   跨海隧桥(suìqiáo, tunnel-bridge)的建成,不但大大缩短了来往两地的时间,而且＿＿＿＿＿＿＿＿＿＿＿＿,为＿＿＿＿＿＿提供了一个很好的样本。

三、**成段表达** Communicate in short paragraphs using the given words.

1. 用自己的话说一说光缆开通给尼泊尔互联网状况带来的改变。(原来……现在……、信号、排名、提速)
2. 中尼跨境光缆修建过程中,遇到了哪些困难?(恶劣、可想而知、海拔、封山)
3. 中尼跨境光缆的开通对两国有什么意义?(里程碑、拉近……的距离、促进、样本)

副课文 Supplementary Reading

"一带一路"有助沿线国家经济增长

新华社专2018年4月18日最新调查报告显示,在受访的26家"一带一路"沿线国家央行专中,超过九成认为"一带一路"将在未来5年内推动本国经济增长,而且多数国家对中国主导①的多边机构②持积极态度。

报告中说到,67%的受访央行预计③,在未来5年内,"一带一路"项目将帮助本国经济增速提高0至1.5个百分点;25%的受访央行预计,本国经济增速将因此提升1.5至5.5个百分点。国际金融论坛④副主席周延礼专当天表示,将近半数的受访央行认为"一带一路"倡议为各国发展提供了"千载难逢⑤的机会","一带一路"倡议必将给数十亿人民带来经济的繁荣⑥。

2018年8月,在南非专举行的金砖国家专工商论坛上,习近平主席发表重要讲话指出,我们将继续大力推进"一带一路"建设,为各国经济社会发展开辟新

专 新华社 xīnhuáshè: Xinhua News Agency

专 央行 yāngháng: Central Bank
① 主导⁽⁶⁾⁽形⁾ zhǔdǎo: leading; dominate
② 多边机构⁽名⁾ duōbiān jīgòu: multilateral agency

③ 预计⁽中⁾⁽动⁾ yùjì: to estimate; calculate in advance

④ 论坛⁽⁶⁾⁽名⁾ lùntán: forum
专 周延礼 Zhōu Yánlǐ: name of a person

⑤ 千载难逢 qiānzǎinánféng: occurring only once in a thousand years; very rare
⑥ 繁荣⁽⁵⁾⁽形⁾ fánróng: prosperous

专 南非 nánfēi: South Africa
专 金砖国家 jīnzhuān guójiā: BRICS (Brazil, Russia, India, China and South Africa)

空间,让共建"一带一路"的成果惠及⑦更多国家和人民。

"中国企业的到来改变了我的命运。"来自刚果(金)专的帕特里克·姆布伊专真诚地对《人民日报》记者说。10年前自己国内战火不断,姆布伊来到南非,但因为找不到工作,生活一度⑧十分穷困。2010年,中国一汽专在约翰内斯堡专建厂,姆布伊应聘⑨成功。在工厂里,他接受了专业培训,很快就掌握了检修汽车的技能。经过几年的发展,一汽在南非逐渐成为年产卡车1000多辆的明星企业,姆布伊也成长为工厂的骨干⑩。他每天勤奋⑪工作,再加上众多中国同事的帮助,如今,姆布伊一家七口住在离工厂不远的大房子里。"这都是因为中国企业。"他笑得很灿烂,"我要努力工作,还要学习中文,为自己和家人的未来奋斗⑫!"

类似⑬"姆布伊"的故事还有很多。随着"一带一路"伙伴网络的日益壮大,各国将在更高质量、更高水平上实现合作共

⑦ 惠及(高)(动) huìjí：to benefit

专 刚果(金) gāngguǒ(jīn)：Democratic Republic of the Congo, a country located in Africa.
专 帕特里克·姆布伊 pàtèlǐkè·mǔbùyī：name of a person

⑧ 一度(6)(副) yídù：once；for a time
专 一汽 yīqì：China FAW (First Auto Work) Group
专 约翰内斯堡 yuēhànnèisībǎo：Johannesburg, a city in South Africa
⑨ 应聘(5)(动) yīngpìn：to employ；apply for a job

⑩ 骨干(6)(名) gǔgàn：backbone
⑪ 勤奋(5)(形) qínfèn：diligent；hardworking

⑫ 奋斗(5)(动) fèndòu：to fight；to strive
⑬ 类似(6)(动) lèisì：similar；analogous

赢、共同发展,中国梦将与世界梦交相辉映⑭,一个路路相连、美美与共的世界将不再遥远⑮。

⑭ 交相辉映 jiāoxiānghuīyìng:add radiance and beauty to each other
⑮ 遥远 (6)(形) yáoyuǎn:remote;distant

(资料来源:《调查显示"一带一路"倡议有助沿线国家经济增长》,新华网 2018—04—19;《一带一路助沿线国家释放更多经济合作潜力》,《人民日报》2018—08—07,有删改)

一、选择　Choose the correct answers

1. 关于新华社的最新调查报告,下面哪句话不正确? （　　）

   A. 一共有 26 家"一带一路"沿线国家央行接受采访。

   B. 九家央行认为"一带一路"项目将在未来 5 年内推动本国经济增长。

   C. 67%的受访央行预计,"一带一路"将在未来 5 年提速本国经济 0%～1.5%。

   D. 25%的受访央行预计,"一带一路"将在未来 5 年提速本国经济 1.5%～5.5%。

2. 可能有多少受访央行认为"一带一路"倡议为各国发展提供了"千载难逢的机会"? （　　）

   A. 48%　　B. 67%　　C. 94%　　D. 25%

3. 关于"一带一路",下面哪一种说法不正确? （　　）

   A. 习近平主席指出中国将继续大力推进"一带一路"建设。

   B. "一带一路"的沿线伙伴越来越多。

   C. "一带一路"会让全世界的国家之间都有公路连接起来。

   D. "一带一路"让很多国家的人民生活越来越好了。

4. 根据课文,姆布伊现在的生活怎么样? （　　）

   A. 他幸福地住在自己的国家。

   B. 他被企业派到中国来工作。

   C. 他还没有完全掌握检修汽车的技能,需要中国同事的帮助。

D. 因为中国企业的帮助,他和家人在南非开始了全新的幸福生活。

二、谈一谈　Discussion

1. 如果你的国家在"一带一路"沿线,请你查阅资料,谈谈自从"一带一路"倡议提出以来,你的国家和中国在经济、贸易、基础设施建设、资金和文化等方面进行了哪些有代表性的共建和交流,你认为两国还可以在哪些方面进行有效的合作?请把你的收获与同学分享。

2. 如果你的国家不在"一带一路"沿线,请你查阅资料,谈谈你的国家和中国在历史上有过哪些比较重要的政治、经济、文化交流合作,你认为两国还可以在哪些方面进行有效的合作?也请把你的收获与同学分享。

第十讲　奔跑在"一带一路"上的中欧班列

热身　Warm-up

1. 你坐过高铁吗？对中国高铁的印象怎么样？请谈谈你对中国高铁的了解。
2. 在你看来，一个地区的客流、物流速度对经济发展的影响大不大？
3. 运送货物有很多种方式，如公路、铁路、海运、空运等，请你谈谈这些运输方式的优劣（yōuliè, advantages and disadvantages）。

背景简介　Background introduction

中欧班列是指中国开往欧洲及一带一路沿线各国的快速集装箱①国际货物列车②。2011年3月19日，首列中欧班列（重庆专—杜伊斯堡专）成功开行③。截至2018年6月底，中欧班列累计开行量已达9 000列，运送

① 集装箱（高）(名) jízhuāngxiāng：container
② 列车（中）(名) lièchē：train
专 重庆 chóngqìng：a municipality in southwest China.
专 杜伊斯堡 dùyīsībǎo：Duisburg, a city in western Germany.
③ 开行（动）kāixíng：to start (a train)

125

货物近 80 万标箱,开通路线 50 余条,国内开行城市 48 个,到达欧洲 14 个国家 42 个城市,运输④网络覆盖亚欧大陆的主要区域⑤。

亚欧之间的物流通道主要包括海运、空运和陆运通道,中欧班列以其距离短、速度快、安全性高、绿色环保、受自然环境影响小等优势⑥,已经成为国际物流中陆路运输的骨干⑦方式。

除货运以外,中国正在与 17 个国家协商⑧关于建设亚欧高速铁路事宜⑨,计划在十年内修建三条铁路贯穿⑩南北,连通欧亚。届时⑪,人们乘坐时速超过 200 英里⑫的火车,从伦敦专到北京只需要两天时间。

专 标箱 biāoxiāng:TEU(twenty-foot equivalent unit), an inexact unit of cargo capacity.

④ 运输(5)(动) yùnshū:to transport
⑤ 区域(6)(名) qūyù:area; district; region

⑥ 优势(5)(名) yōushì:advantage; strength
⑦ 骨干(6)(名) gǔgàn:backbone

⑧ 协商(6)(动) xiéshāng:to negotiate; to consult with
⑨ 事宜(高)(名) shìyí:matters concerned
⑩ 贯穿(中)(动) guànchuān:run through
⑪ 届时(高)(副) jièshí:then; by that time
⑫ 英里(量) yīnglǐ:mile

专 伦敦 lúndūn:London, capital of the United Kingdom.

回答问题 Answer the following questions:

1. 什么是中欧班列?
2. 第一列中欧班列是什么时候开行的?起点和终点分别是哪里?
3. 现在的中欧班列可以到达欧洲多少地方?
4. 和别的运输方式相比,中欧班列有哪些优势?
5. 什么是亚欧高速铁路?它的建成会带来哪些好处?

主课文 Main Text

奔跑在"一带一路"上的中欧班列

2017 年 5 月 13 日 16 点 30 分,X8024 次中欧班列从义乌西站驶出,这列满载小商品、服装等货物的列车是 2017 年开行的第 1 000 列中欧班列,它的目的地是西班牙的马德里。铁路大数据显示,中欧班列已从 2013 年的 80 列增长到了 2016 年的 1 702 列。

首届"一带一路"国际合作高峰论坛于 2017 年 5 月 14 至 15 日在北京成功举办,"一带一路"再次成为网民们的热议话题。如果说"一带一路"是迄今为止中国为世界提供的最重要的公共产品,那么中欧班列则是拉动沿线各国经济贸易往来的重要交通工具。2016 年中欧班列开行数量超过了前 5 年的总和,与此对应的是中国与"一带一路"沿线国家的贸易规模不断扩大,2016 年进出口总额已达 6.3 万亿元,增速超过中国的外贸总体增速。

铁路货运在速度上比海运快,在运输成本上比空运低,且运输货物种类多、数量大,从综合成本与效益上来看,铁路货运具有高效、便捷、安全、省时、省钱等特点,成为国际长途货物运输的首选也是必然。

随着"一带一路"建设的推进,往来于中国与"一带一路"沿线国家之间的一趟趟集装箱国际货物列车连接起了亚欧的共同发展梦想,将丝绸之路从原先的"商贸路"变成了产业和人口聚集的"经济带"。

在"一带一路"的大背景下,铁路联运通道的建设不仅将进一步推动商品、服务、金融、人口和信息的流动,也将助力沿线国家开启21世纪协同发展、互利共赢的新局面。高速奔跑在"一带一路"上的中欧班列,踏着两千多年前丝绸之路的足迹,奏响了"和平合作、开放包容、互利共赢"的新乐章。

(资料来源:《奔跑在"一带一路"上的中欧班列》,高铁网 2017—05—17,有删改)

生词 New Words

序号	生词	拼音	词性	英语释义	例句
1.	奔跑	bēnpǎo	动	run	运动员在球场上来回奔跑。
2.	驶	shǐ	动5	sail; drive	她上楼的时候,听到窗外汽车驶过的声音。
3.	载	zài	动中	to load; to carry	那列火车载着货物开往上海。
4.	届	jiè	量5	session (of a conference)	我参加了学校第二届演讲比赛。
5.	迄今为止	qìjīnwéizhǐ		so far; up tp now	迄今为止,加入"一带一路"的国家已经达到71个。
6.	总和	zǒnghé	名6	sum; total	这三个数字的总和是100。
7.	效益	xiàoyì	名6	benefit	我们相信,新产品会为公司带来巨大的经济效益。
8.	便捷	biànjié	形中	convenient and fast	城市的公共交通系统越来越便捷。
9.	必然	bìrán	副5	inevitable; certain; necessarily	他对人没有礼貌,必然没什么朋友。
10.	聚集	jùjí	动高	to gather; to assemble	大家聚集在一起,讨论以后应该怎么做。
11.	建设	jiànshè	动5	to build; to construct	我们现在努力学习,是为了将来建设国家。

128

续表

序号	生词	拼音	词性	英语释义	例句
12.	协同	xiétóng	副高	(work) together; collaborative	公司上下协同努力,业务得到了快速发展。
13.	踏	tà	动6	step on	只要踏出开始的第一步,每个人都可以实现自己的梦想。
14.	足迹	zújì	名	footprint	雪地上的足迹是谁留下的?
15.	奏	zòu	动6	play (a musical instrument)	婚礼上,乐队奏起了欢快的音乐。
16.	包容	bāoróng	动高	to contain; inclusive,	爱是包容,是习惯
17.	乐章	yuèzhāng	名	movement (music)	这只是我们合作的第一乐章。

专有名词 Proper Nouns

义乌西站	yìwū xī zhàn	Yiwu West Station, Yiwu is a market town which is called as "China's No. 1 Village for Online Stores."
西班牙	xībānyá	Spain
马德里	mǎdélǐ	Madrid, capital of Spain
"一带一路"国际合作高峰论坛	"yídàiyílù" guójì hézuò gāofēng lùntán	The International Cooperation Summit of One belt and One road

判断对错 True or False

1. 从义乌到马德里的中欧班列 2017 年一共开行了 1 000 列。
   (　　)
2. "一带一路"是中国为世界提供的重要交通工具。　　(　　)

3. 中欧班列扩大了中国与"一带一路"沿线国家的贸易规模。

（　　）

4. 和其他运输方式相比，铁路货运的综合成本和效益都更高。

（　　）

5. 今天的丝绸之路已经从原来的"商贸路"变成了"经济带"。

（　　）

6. 奔跑在"一带一路"上的列车，奏着象征和平发展的音乐。

（　　）

语言点　Language Points

1. ……，与此对应（的是）……

原文：2016年中欧班列开行数量超过了前5年的总和，与此对应的是中国与"一带一路"沿线国家的贸易规模不断扩大。

说明：（A），与此对应的是（B）：受A的发展变化影响，B产生了相似的变化。

例句：

政府倡议大家低碳出行，保护环境，与此对应的是人们对自然环境的关注度越来越高。

两国的经济往来增多，与此对应的是人民之间的互相了解也更加深入。

练一练：

高铁具有快捷、安全、舒适等特点，最近几年，许多城市之间都开通了高铁线路，与此对应的是_____。

_____，与此对应，当地人对奢侈品、对时尚行业的了解也日益深入。

2. 从……(上)来看,……

原文:从综合成本与效益上来看,铁路货运具有高效、便捷、安全、省时、省钱等特点,成为国际长途货物运输的首选也是必然。

说明:从(某个角度/方面)来看,后句是对应的评价或结果。

例句:

从数字上来看,去年的经济增长速度并不快。

从能力来看,小王可能不是最优秀的;但从工作态度上来看,他是公司里最努力的员工。

练一练:

从颜色上来看,这件衣服＿＿＿＿＿＿；但从＿＿＿＿来看,这并不是今年流行的风格。

A:你觉得这家公司的发展怎么样?

B:＿＿＿＿＿＿＿＿＿＿＿＿＿＿＿＿＿。(从……上来看)

综合练习 Comprehensive Exercises

一、选词填空 Fill in the blanks with the most proper words.

> 运输 协同 届时 聚集 事宜
> 建设 便捷 奔跑 迄今为止 效益

1. 下一届"一带一路"论坛将于明年三月举办,＿＿＿＿会举行多场国际会议。
2. 体育课时,孩子们在操场上自由地＿＿＿＿。
3. 只要我们＿＿＿＿努力,一定会达到"互利共赢"的目的。
4. 有了电脑之后,人们之间的联系和交流变得十分＿＿＿＿。
5. 张总,谢谢您!相信我们一定会合作得非常愉快!下周二我们再见一次面，讨论一下合作的具体_____，您看怎么样？
6. 学生们_____在体育馆里观看篮球比赛。
7. 她是我_____见过的人里最漂亮的。
8. 在新领导的带领下，今年公司取得了很好的_____。
9. 铁路_____虽然速度上比空运慢一点儿，但成本低、也更安全。
10. 我们要把祖国_____成为富强民主的国家。

二、句型练习　Follow the given sentence pattern and complete the sentences.

1. 中欧班列<u>以其</u>距离短、速度快、安全性高、绿色环保、受自然环境影响小<u>等优势</u>，已经<u>成为</u>国际物流中陆路运输的骨干方式。
无现金支付以其快捷、_____、_____等优势，已经成为
_____。

2. <u>如果说</u>"一带一路"是迄今为止中国为世界提供的最重要的公共产品，<u>那么</u>中欧班列<u>则是</u>拉动沿线各国经济贸易往来的重要交通工具。
如果说地铁是上班族最常用的通勤工具，那么共享单车则是
_____。

3. 从综合成本与效益上来看，铁路货运具有高效、便捷、安全、省时、省钱等特点，成为国际长途货物运输的首选<u>也是必然</u>。
那个城市地理位置优越、投资环境良好、各类政策优厚，吸引了大量人才_____是必然的。

三、成段表达　Communicate in short paragraphs using the given words.

1. 从2013到2016年，中欧班列发生了怎样的变化，又取得了哪

些成果?(增长、拉动、总和、扩大)
2. 铁路货运为什么会成为国际长途货物运输的首选?(从……上来看、成本、品类、效益、便捷)
3. 根据课文,奔跑在"一带一路"上的中欧班列会带来哪些好处?(连接、聚集、推动、助力、共赢)

副课文 Supplementary Reading

新"复兴号"助力高质量双城生活

2018年8月8日6:05,随着首发车C2002驶出天津^专站前往北京南站,京津城际铁路^专开始实施新的列车运行①图,京津城际铁路"复兴号^专"中国标准动车②组列车全部按照时速350公里运行。北京南站至天津站列车运行时间将由35分钟压缩③至30分钟。

"复兴号"让通勤之路更加快捷,它进一步缩短了"双城生活"的人们浪费在上班路上的时间。有网友调侃④以前每天早上"多睡五分钟也是好的",现在列车提速了,天天多睡十分钟又何妨⑤?

"复兴号"让通勤之路更加舒适温馨⑥。覆盖整个车厢⑦的

专·天津 tiānjīn: a municipality in China
专·京津城际铁路 jīngjīn chéngjì tiělù: Beijing-Tianjin Intercity Railway
① 运行 (6)(动) yùnxíng: to run; to operate
专·复兴号 fùxīnghào: Fuxing bullet train, a series of electric multiple unit high- and higher-speed trains operated by China Railway Corporation.
② 动车 (名) dòngchē: bullet train
③ 压缩 (6)(动) yāsuō: to compress; cut down

④ 调侃 (动) tiáokǎn: to ridicule; crack a joke
⑤ 何妨 (?) héfáng: why not
⑥ 温馨 (高)(形) wēnxīn: warm and sweet
⑦ 车厢 (5)(名) chēxiāng: railway carriage; coach (of a train)

133

免费 WiFi、旅客用 USB 充电接口、人性化⑧的照明和降噪⑨设施⑩，都能够给旅客提供更好的体验。在这样的环境下，每天乘坐"复兴号"上下班，既能顺利地办公，也能得到充分⑪的放松。

"复兴号"让通勤之路更加安全稳定。为了满足 350 公里时速的需求，铁路部门对京津城际列车的技术装备⑫和基础设施进行了全面强化，确保各项技术指标⑬达到要求。

可以说，有了"复兴号"的保障，人们"双城生活"的质量正在稳步提高。据了解，铁路部门还调整列车开行方案，安排实行"高峰⑭日、周一、周二至周四、周五、周六、周日"等六张运行图，努力适应旅客不同时期的不同乘车需求，最多的时候列车开行数量甚至达到了 136 对，铁路部门正向着"公交化"的目标迈⑮进。

相信在不久的将来，京津城际铁路的开行密度⑯会更大，运行时间会更短。并且随着我国高铁的不断发展，不仅仅是北京

⑧ 人性化⁽⁶⁾⁽形⁾ rénxìnghuà：humanized；user-friendly
⑨ 降噪⁽动⁾ jiàngzào：to denoise
⑩ 设施⁽⁵⁾⁽名⁾ shèshī：facility；installation
⑪ 充分⁽⁵⁾⁽形⁾ chōngfèn：full；ample；abundant

⑫ 装备⁽⁶⁾⁽名⁾ zhuāngbèi：equipment

⑬ 指标⁽⁶⁾⁽名⁾ zhǐbiāo：index；target

⑭ 高峰⁽⁶⁾⁽名⁾ gāofēng：peak

⑮ 迈⁽⁶⁾⁽动⁾ mài：to step；to stride
⑯ 密度⁽⁶⁾⁽名⁾ mìdù：density

和天津,我国其他大城市里选择"双城生活"的人也会越来越多,体验更是会越来越好。

(资料来源:《350公里"复兴号"助力高质量双城生活》,众说网 2018—08—10,有删改)

一、选择 Choose the correct answers

1. 根据课文,"双城生活"的意思最接近下面哪一项?　　(　　)

　　A. 平时在一个城市生活,周末在另一个城市生活。

　　B. 以前在一个城市工作,现在换去另一个城市工作。

　　C. 住在一个城市,却在另一个城市工作。

　　D. 在一个城市出生,却在另一个城市长大。

2. 下面哪一项不是新"复兴号"的改变?　　(　　)

　　A. 更快了　　　　　　　　B. 设施更完善了

　　C. 运行更简单了　　　　　D. 更稳定了

3. 在"复兴号"上,你可以做什么?　　(　　)

　　A. Wifi 上网　　　　　　B. 给手机充电

　　C. 安静地休息　　　　　　D. 比以前多睡十分钟

4. 第五段中的"公交化",可能是指什么?　　(　　)

　　A. 乘坐火车好像乘坐公交一样便宜

　　B. 火车好像公交车一样密集、快捷

　　C. 列车的开行方案会和公交完全一样

　　D. 铁路部门会和公交部门合作运行列车

5. "复兴号"将来的发展,不包括下面哪一项?　　(　　)

　　A. 车次越来越多

　　B. 运行时间越来越短

　　C. 让双城生活变成三城、四城生活

D. 体验越来越好

二、谈一谈　Discussion

1. 本课我们主要学习的是中欧班列与中国高铁的相关内容。请你查阅资料，深入系统地了解它们的发展过程、取得的成绩与未来的规划，并结合你们国家的铁路运输系统，谈谈你的体会。
2. 曾经有一段时间，在中国流行这样一句话："要想富，先修路。"你支持这种观点吗？你能想到的"路"有哪些？学习了第九、第十课之后，在你看来，"一带一路"的提出有什么价值？"一带一路"的前景会如何？

参 考 答 案

第一讲 淘宝：只有想不到，没有买不到

【主课文】

判断对错

1. × 2. × 3. × 4. √ 5. √ 6. √ 7. ×

选词填空

1. 就业 2. 刷新 3. 覆盖 4. 零售 5. 物流
6. 亮点 7. 实惠 8. 智慧 9. 保障 10. 贡献

【副课文】

1. C 2. B 3. A 4. C 5. D

第二讲 微信支付：让钱包消失

【主课文】

判断对错

1. × 2. √ 3. × 4. √ 5. √ 6. ×

选词填空

1. 领域 2. 绑定 3. 倡导 4. 侧重 5. 二维码
6. 凭着 7. 场景 8. 季度 9. 垄断 10. 视频

【副课文】

1. B 2. C 3. D 4. B 5. D 6. C

137

第三讲　华为：专利王国进入"无人区"

【主课文】

选择

1. D　2. B　3. A　4. B

选词填空

1. 方案　2. 同比　3. 投入　4. 模仿　5. 稳步

6. 志同道合　7. 诞生　8. 临时　9. 核心　10. 实施

【副课文】

1. C　2. D　3. B　4. D　5. B

第四讲　从"共享单车"开始的"共享经济"

【主课文】

判断对错

1. ×　2. √　3. ×　4. √　5. √　6. √

选词填空

1. 倒闭　2. 押金　3. 因人而异　4. 监督　5. 激烈

6. 通勤　7. 模式　8. 频率　9. 盈利　10. 依然

【副课文】

1. D　2. C　3. A　4. D　5. B

第五讲　海尔：砸了冰箱走出去

【主课文】

选择

1. C　2. A　3. D　4. B

选词填空

1. 利润　2. 权威　3. 供不应求　4. 奠定　5. 蝉联

6. 雇佣　7. 廉价　8. 渠道　9. 树立　10. 风险

【副课文】

1. √   2. ×   3. ×   4. √   5. √   6. ×

第六讲　格力：走专业化发展道路

【主课文】

判断对错

1. ×   2. ×   3. √   4. ×   5. √   6. √

选词填空

1. 精品   2. 掌握   3. 废弃   4. 灵魂   5. 比例
6. 规格   7. 诚信   8. 突出   9. 微乎其微   10. 沿用

【副课文】

1. C   2. D   3. A   4. C

第七讲　海底捞：顾客就是上帝

【主课文】

判断对错

1. ×   2. √   3. √   4. ×   5. √   6. √

选词填空

1. 全称   2. 别具一格   3. 口碑   4. 检验   5. 灿烂
6. 物超所值   7. 荣获   8. 开辟   9. 烦躁   10. 消除

【副课文】

1. B   2. C   3. A   4. D   5. A

第八讲　新东方："中国合伙人"开办的最火学校

【主课文】

判断对错

1. ×   2. √   3. √   4. ×   5. ×   6. √

选词填空
1．分一杯羹 2．累计 3．排行榜 4．摘录 5．壮大
6．规律 7．面授 8．咨询 9．清晰 10．终究
【副课文】
1．C 2．D 3．A 4．B 5．D

第九讲 "一带一路"的前世今生

【主课文】
判断对错
1．× 2．× 3．√ 4．√ 5．× 6．√
选词填空
1．勤劳 2．伙伴 3．统称 4．平衡 5．施工
6．仪式 7．地形 8．可想而知 9．促进 10．恶劣
【副课文】
1．B 2．A 3．C 4．D

第十讲 奔跑在"一带一路"上的中欧班列

【主课文】
判断对错
1．× 2．× 3．√ 4．× 5．√ 6．×
选词填空
1．届时 2．奔跑 3．协同 4．便捷 5．事宜
6．聚集 7．迄今为止 8．效益 9．运输 10．建设
【副课文】
1．C 2．C 3．D 4．B 5．C

主课文生词索引*

B

4	白领	báilǐng
2	白热化	báirèhuà
2	绑定	bǎngdìng
1	包裹	bāoguǒ
10	包容	bāoróng
1	保障	bǎozhàng
10	奔跑	bēnpǎo
6	比例	bǐlì
4	毕竟	bìjìng
10	必然	bìrán
5	遍布	biànbù
10	便捷	biànjié
9	标志	biāozhì
7	别具一格	biéjùyīgé
7	泊车	bóchē
7	不惜	bùxī

C

2	参与	cānyù
7	灿烂	cànlàn
1	仓库	cāngkù
6	产业链条	chǎnyè liàntiáo
4	长久之计	chángjiǔzhījì
2	场景	chǎngjǐng
2	倡导	chàngdǎo
9	倡议	chàngyì
2	策略	cèlüè
9	测试	cèshì
2	侧重	cèzhòng
5	蝉联	chánlián
5	称为	chēngwéi
5	成本	chéngběn
6	诚信	chéngxìn
7	驰名	chímíng
5	持续	chíxù
7	出类拔萃	chūlèibácuì
2	除夕	chúxī
1	创立	chuànglì
7	创业	chuàngyè
9	促进	cùjìn

D

9	大陆	dàlù
3	代表处	dàibiǎochù
5	代名词	dàimíngcí

* 生词前的数字代表课文篇目,如"1"指第一讲。

3	诞生	dànshēng		5	供不应求	gōngbùyìngqiú
4	倒闭	dǎobì		9	公布	gōngbù
2	登陆	dēnglù		3	供应商	gōngyìngshāng
2	低碳	dītàn		1	贡献	gòngxiàn
7	底料	dǐliào		3	构建	gòujiàn
9	地形	dìxíng		10	骨干	gǔgàn
5	奠定	diàndìng		4	固定	gùdìng
5/7	端	duān		5	雇佣	gùyōng
9	多元	duōyuán		5	观念	guānniàn
				10	贯穿	guànchuān
		E		6	冠军	guànjūn
9	恶劣	èliè		1	光棍儿	guānggùnr
2	二维码	èrwéimǎ		6	规格	guīgé
				4	归还	guīhuán
		F		8	规律	guīlù
1	发起	fāqǐ		3	规模	guīmó
7	烦躁	fánzào				
2	方案	fāng'àn				**H**
8	飞翔	fēixiáng		9	海拔	hǎibá
6	废弃	fèiqì		3	核心	héxīn
8	分一杯羹	fēn yìbēi gēng		1	护肤品	hùfūpǐn
9	封	fēng		1	互联网	hùliánwǎng
6	风扇	fēngshàn		4	划算	huásuàn
5	风险	fēngxiǎn		5	汇率	huìlǜ
4	符合	fúhé		1	活跃	huóyuè
4	负担	fùdān		9	伙伴	huǒbàn
1	覆盖	fùgài				
9	复合	fùhé				**J**
8	复制	fùzhì		6	基地	jīdì
				5	机构	jīgòu
		G		4	激烈	jīliè
1	高铁	gāotiě		8	激情	jīqíng
4	格局	géjú		3	即将	jíjiāng
8	个性	gèxìng		2	即时通讯	jíshítōngxùn

1	集团	jítuán		6	口号	kǒuhào
8	集……于一体	jí……yúyìtǐ		7	跨	kuà
				9	跨境	kuàjìng
6	集中	jízhōng		1	狂欢节	kuánghuānjié
10	集装箱	jízhuāngxiāng		6	扩张	kuòzhāng
6	脊梁	jǐliáng				
2	季度	jìdù			**L**	
1	纪录	jìlù		8	累计	lěijì
4	监督	jiāndū		2	理财	lǐcái
7	艰苦	jiānkǔ		9	里程碑	lǐchéngbēi
9	简称	jiǎnchēng		4	理性	lǐxìng
7	检验	jiǎnyàn		5	利润	lìrùn
5	建立	jiànlì		8	利益	lìyì
10	建设	jiànshè		5	廉价	liánjià
8	骄人	jiāorén		10	列车	lièchē
1	交易额	jiāoyì'é		3	劣质	lièzhì
6	结构	jiégòu		3	临时	línshí
1	截至	jiézhì		6	零部件	língbùjiàn
10	届	jiè		6	灵魂	línghún
10	届时	jièshí		1	零售	língshòu
3	金融	jīnróng		5	领军	lǐngjūn
6	精品	jīngpǐn		1	领取	lǐngqǔ
3	经营	jīngyíng		2	领域	lǐngyù
1	就业	jiùyè		2	垄断	lǒngduàn
2	局面	júmiàn		8	落伍	luòwǔ
10	聚集	jùjí				
					M	
	K			5	枚	méi
7	开辟	kāipì		7	美甲	měijiǎ
4	开启	kāiqǐ		8	面授	miànshòu
10	开行	kāixíng		3	民营	mínyíng
3	可靠	kěkào		3	模仿	mófǎng
9	可想而知	kěxiǎng'érzhī		4	模式	móshì
7	口碑	kǒubēi				

143

N

| 7 | 脑筋 | nǎojīn |

P

8	排行榜	páihángbǎng
7	配送	pèisòng
4	频率	pínlǜ
2	凭	píng
9	平衡	pínghéng

Q

9	期间	qījiān
7	棋	qí
1	奇迹	qíjì
10	迄今为止	qìjīnwéizhǐ
5	强化	qiánghuà
2	抢	qiǎng
9	勤劳	qínláo
8	清晰	qīngxī
10	区域	qūyù
5	渠道	qúdào
6	取代	qǔdài
7	全称	quánchēng
1	全球化	quánqiúhuà
5	权威	quánwēi

R

8	人次	réncì
5	认可	rènkě
7	日益	rìyì
7	融汇	rónghuì
7	荣获	rónghuò

S

2	扫描	sǎomiáo
7	商标	shāngbiāo
1	奢侈品	shēchǐpǐn
1	设备	shèbèi
5	设计	shèjì
2	社交软件	shèjiāo ruǎnjiàn
3	设立	shèlì
6	涉足	shèzú
1	升级	shēngjí
9	施工	shīgōng
1	实惠	shíhuì
3	实施	shíshī
10	驶	shǐ
6	始终	shǐzhōng
1	市场份额	shìchǎng fèn'é
2	视频	shìpín
10	事宜	shìyí
2	数据	shùjù
5	树立	shùlì
1	刷新	shuāxīn

T

10	踏	tà
5	探索	tànsuǒ
5	体系	tǐxì
7	体验	tǐyàn
4	通勤	tōngqín
3	通信设备	tōngxìn shèbèi
5	同比	tóngbǐ
7	同质化	tóngzhìhuà
9	统称	tǒngchēng
3	投入	tóurù
6	突出	tūchū

1	突破	tūpò		6	沿用	yányòng
1	团购	tuángòu		9	样本	yàngběn
				2	遥遥领先	yáoyáolǐngxiān
	W			3	业绩	yèjì
4	完善	wánshàn		4	依然	yīrán
5	网点	wǎngdiǎn		2	移动支付	yídòng zhīfù
6	微波炉	wēibōlú		9	仪式	yíshì
5	微薄	wēibó		4	异常	yìcháng
6	微乎其微	wēihūqíwēi		4	因人而异	yīnrén'éryì
4	维修	wéixiū		7	引	yǐn
4	委员会	wěiyuánhuì		10	英里	yīnglǐ
3	稳步	wěnbù		1	应有尽有	yīngyǒujìnyǒu
1	物流	wùliú		4	盈利	yínglì
3	无疑	wúyí		2	营销	yíngxiāo
7	物超所值	wùchāosuǒzhí		2	应用程序	yìngyòngchéngxù
				1	拥有	yōngyǒu
	X			4	优惠券	yōuhuìquàn
6	吸尘器	xīchénqì		10	优势	yōushì
6	系列	xìliè		8	犹豫	yóuyù
2	显示	xiǎnshì		4	余	yú
7	消除	xiāochú		8	原型	yuánxíng
1	消费者	xiāofèizhě		10	乐章	yuèzhāng
1	销售额	xiāoshòu'é		10	运输	yùnshū
10	效益	xiàoyì		4	运营	yùnyíng
10	协商	xiéshāng				
10	协同	xiétóng			**Z**	
9	信号	xìnhào		5	砸	zá
6	宣告	xuāngào		10	载	zài
4	寻求	xúnqiú		6	再生资源	zàishēng zīyuán
				7	增值	zēngzhí
	Y			8	摘录	zhāilù
4	押金	yājīn		3	展台	zhǎntái
8	延伸	yánshēn		1	占据	zhànjù
9	沿线	yánxiàn		6	掌握	zhǎngwò

145

3	帐篷	zhàngpeng		1	注册	zhùcè
2	智能手机	zhìnéng shǒujī		3	专利	zhuānlì
8	指引	zhǐyǐn		3	专注	zhuānzhù
1	智慧	zhìhuì		6	装备	zhuāngbèi
3	致力于	zhìlìyú		8	壮大	zhuàngdà
2	智能手机	zhìnéng shǒujī		8	咨询	zīxún
3	志同道合	zhìtóngdàohé		5	资源	zīyuán
8	终究	zhōngjiū		5	自主	zìzhǔ
6	中央空调	zhōngyāngkōngtiáo		1	综合	zōnghé
				6	总部	zǒngbù
3	逐步	zhúbù		3	总裁	zǒngcái
3	主办方	zhǔbànfāng		10	总和	zǒnghé
5	主流	zhǔliú		10	奏	zòu
9	主席	zhǔxí		4	租赁	zūlìn
9	驻	zhù		10	足迹	zújì

副课文生词索引*

A

7　暗示　ànshì

B

7　摆　bǎi
4　饱和　bǎohé
2　鼻祖　bízǔ
6　补贴　bǔtiē

C

5　操作　cāozuò
10　车厢　chēxiāng
7　沉默　chénmò
7　惩罚　chéngfá
8　成就　chéngjiù
10　充分　chōngfèn
4　出台　chūtái

D

4　贷款　dàikuǎn
8　担当　dāndāng
7　得不偿失　débùchángshī

1　电子商务　diànzǐshāngwù
5　顶尖　dǐngjiān
2　定制化　dìngzhìhuà
10　动车　dòngchē
4　堆　duī
8　对抗　duìkàng
9　多边机构　duōbiānjīgòu
6　躲　duǒ

E

5　耳目一新　ěrmùyìxīn

F

9　繁荣　fánróng
6　返利　fǎnlì
4　放缓　fànghuǎn
5　放行　fàngxíng
4　分配　fēnpèi
9　奋斗　fèndòu
7　愤怒　fènnù
8　丰满　fēngmǎn
6　幅　fú

---

* 生词前的数字代表课文篇目,如"1"指第一讲。

G

5	概念	gàiniàn
3	高端	gāoduān
10	高峰	gāofēng
3	购置	gòuzhì
2	股东	gǔdōng
9	骨干	gǔgàn
4	故障	gùzhàng
2	观望	guānwàng
5	归功于	guīgōngyú
5	滚筒	gǔntǒng

H

5	海关	hǎiguān
3	含量	hánliàng
10	何妨	héfáng
5	华丽	huálì
8	回报	huíbào
7	回避	huíbì
9	惠及	huìjí
3	火爆	huǒbào

J

4	即日	jírì
6	佳	jiā
7	架势	jiàshi
5	艰难	jiānnán
10	降噪	jiàngzào
9	交相辉映	jiāoxiānghuīyìng
3	皆	jiē
6	截然不同	jiéránbùtóng
5	尽管	jǐnguǎn
5	紧邻	jǐnlín
8	紧密	jǐnmì

6	进价	jìnjià
2	禁止	jìnzhǐ
6	经销商	jīngxiāoshāng
6	救	jiù

K

4	可想而知	kěxiǎng'érzhī
6	酷热	kùrè
5	宽	kuān
6	亏本	kuīběn
4	困扰	kùnrǎo

L

9	类似	lèisì
6	凉爽	liángshuǎng
1	领域	lǐngyù
9	论坛	lùntán
4	屡禁不止	lǚjìnbùzhǐ

M

10	迈	mài
4	盲道	mángdào
10	密度	mìdù
2	面临	miànlín
8	描绘	miáohuì
1	模式	móshì

P

6	盼	pàn
3	配合	pèihé
6	偏偏	piānpiān
7	品味	pǐnwèi

副课文生词索引

Q

8	期待	qīdài
2	签订	qiāndìng
9	千载难逢	qiānzǎinánféng
4	强制性	qiángzhìxìng
7	侵害	qīnhài
9	勤奋	qínfèn
3	青睐	qīnglài
7	屈辱	qūrǔ
2	渠道	qúdào
7	权益	quányì

R

10	人性化	rénxìnghuà
4	容量	róngliàng

S

7	色差	sèchā
5	商标	shāngbiāo
10	设施	shèshī
3	摄像头	shèxiàngtóu
5	审美	shěnměi
4	审批	shěnpī
4	失信	shīxìn
2	势头	shìtóu
3	手环	shǒuhuán
2	手续	shǒuxù
1	数据	shùjù
8	顺耳	shùn'ěr
5	撕	sī

T

1	摊位	tānwèi
1	谈判	tánpàn
6	掏	tāo
10	调侃	tiáokǎn
3	突出	tūchū

W

7	违法	wéifǎ
7	维护	wéihù
7	维权	wéiquán
10	温馨	wēnxīn

X

4	限制令	xiànzhìlìng
3	像素	xiàngsù
1	效率	xiàolǜ
2	协议	xiéyì
6	欣喜若狂	xīnxǐruòkuáng
8	薪资	xīnzī
3	性价比	xìngjiàbǐ

Y

10	压缩	yāsuō
3	演示	yǎnshì
1	遥遥领先	yáoyáolǐngxiān
9	遥远	yáoyuǎn
7	依	yī
1	一旦	yídàn
9	一度	yídù
7	议价	yìjià
6	义气	yìqi
3	音响	yīnxiǎng
2	引发	yǐnfā
9	应聘	yìngpìn
8	英雄	yīngxióng
3	营业厅	yíngyètīng

2	优惠	yōuhuì		7	执法	zhífǎ
3	优势	yōushì		10	指标	zhǐbiāo
8	愉悦	yúyuè		5	指令	zhǐlìng
9	预计	yùjì		7	制度	zhìdù
8	预见	yùjiàn		4	秩序	zhìxù
6	预料	yùliào		1	忠诚度	zhōngchéngdù
4	预期	yùqī		3	忠实	zhōngshí
3	预算	yùsuàn		6	周转	zhōuzhuǎn
10	运行	yùnxíng		9	主导	zhǔdǎo
1	运营	yùnyíng		7	专卖店	zhuānmàidiàn
				10	装备	zhuāngbèi
		Z		7	着实	zhuóshí
4	暂停	zàntíng		2	资源	zīyuán
5	展示	zhǎnshì		1	自营	zìyíng
3	占有率	zhànyǒulǜ		2	总裁	zǒngcái
4	征信档案	zhēngxìn dàng'àn		7	尊严	zūnyán
6	知名度	zhīmíngdù				